# O QUE VOCÊ NÃO PRECISA SABER SOBRE ALIMENTAÇÃO!

Catalogação na Fonte
Elaborado por: Josefina A. S. Guedes
Bibliotecária CRB 9/870

---

Almeida, Jeeser Alves de
A447q O que você não precisa saber sobre alimentação! / Jeeser Alves de Almeida.
2019 1. ed. - Curitiba: Appris, 2019.
73 p. ; 21 cm

Inclui bibliografias
ISBN 978-85-473-2911-2

1. Alimentação - Consumo. 2. Dieta. 3. Obesidade. I. Título. II. Série.

CDD - 641.3

---

Editora e Livraria Appris Ltda.
Av. Manoel Ribas, 2265 – Mercês
Curitiba/PR – CEP: 80810-002
Tel: (41) 3156 - 4731
www.editoraappris.com.br

Appris editora

Printed in Brazil
Impresso no Brasil

Jeeser Alves de Almeida

# O QUE VOCÊ NÃO PRECISA SABER SOBRE ALIMENTAÇÃO!

Editora Appris Ltda.
1.ª Edição - Copyright© 2019 dos autores


## FICHA TÉCNICA

*À minha família.*

# APRESENTAÇÃO

A área da alimentação sempre me chamou atenção. Ingredientes, temperos, misturas e combinações das mais estranhas que resultam em experiências fantásticas ao paladar. Entretanto nem tudo se resume à gastronomia. Há muito mais dentro do universo dos alimentos, como a regionalidade, cultura, geografia, política, religião, condições climáticas, enfim... Uma imensidão de conhecimento e fatores associados. Mas um fenômeno que tem se destacado é a elevada procura das pessoas por uma alimentação saudável e, como consequência, a melhora no perfil corporal. Por um lado, as pessoas têm dado mais ênfase à saúde, o que é importante. Por outro, muitas pessoas adotam comportamentos tido como saudáveis, mas que, no final, não o são.

A internet é, sem dúvidas, uma ferramenta poderosa, pela qual podemos ter acesso a tudo. Infelizmente o elevado volume de informações acaba dificultando a filtragem do que é correto e o que é incorreto. Com o advento das redes sociais, muita gente aproveita para se expor, fazer negócios, oferecer serviços e também dar palpites sobre todos os temas, principalmente sobre alimentação saudável e exercícios. Concordo que há coisa interessante nas redes sociais, mas é muito pouco quando comparado com o volume de informações desencontradas, com teor de terror, demonização de hábitos alimentares culturais, como o arroz, o leite etc. Além de tudo, muito do conteúdo está sendo repassado por pessoas que não são profissionais da área. E piora quando as informações cheias de polêmicas e abusos de desinformação e desserviço são dadas por profissionais.

O intuito desta obra não é ensinar a como se alimentar. Não há uma prescrição de dieta nem um milagre para o emagrecimento.

Não mesmo! O objetivo é alertar aos leitores e trazer reflexões sobre esse advento da busca incansável por uma vida saudável, dietas restritivas para emagrecimento ou qualquer outro fator estético. Comer vai além disso. O processo alimentar é muito mais do que nutrientes, é um ato social, festivo e natural. De toda maneira, além das reflexões propostas ao longo do livro, destaco a importância dos profissionais da nutrição para o devido combate a todo o terror criado em torno do processo alimentar.

# SUMÁRIO

# INTRODUÇÃO

Não me leve a mal. Eu adoro o tema sobre alimentação, principalmente comer, mas o que estão fazendo com a alimentação hoje em dia é lamentável, ainda mais quando se trata de comidas consideradas, nos dias de hoje, como não saudáveis. Seja lá o que for, se for gorduroso e rico em açúcar, as chances de ser algo ruim são baixas. Quem seria capaz de não gostar de sorvete ou chocolate? Então, não me interprete mal se algo aqui lhe incomodar.

Neste livro reúno um pouco de conhecimento científico de forma mais leve para os leitores, principalmente os não científicos, a fim de evitar confusões ou conclusões precipitadas. Também boa parte de minhas entrevistas, conversas e debates no meu grupo de estudos, observações que venho fazendo no meu laboratório de pesquisa, como nas redes sociais, nos cafés, supermercados, consultórios médicos, de nutricionistas, professores de Educação Física, enfim, é um olhar sobre muitas óticas diferentes.

Perceba, este não é um livro técnico e/ou didático, então, se você está procurando por algo mais técnico-científico, sugiro a leitura de artigos científicos ou demais livros didáticos. Aqui, é um momento para a reflexão de pessoas comuns e cansadas de tanta confusão quando o assunto é alimentação saudável, exercício, emagrecimento etc. Ah, se estiver procurando uma receita para tudo, desculpe, também não tem.

Comecei a me interessar pela área da nutrição há algum tempo e hoje tenho trabalhado na coordenação e colaboração de diversos estudos científicos na área, o que me fez ter a ideia de compartilhar algumas coisas nesta obra. Minha intenção é mostrar que a comida não é um bicho de sete cabeças e você não precisa ficar contando calorias toda vez que for comer. Comer é bom. É um ato social, uma celebração, uma festa. Portanto, coma!

Infelizmente as pessoas têm trocado sabor por valor nutricional de um alimento. O que há com esse pessoal? Comer deveria ser prazeroso. Lembre-se que você irá comer boa parte do seu dia e, principalmente, irá comer por muito tempo na sua vida. Então, que seja algo prazeroso, divertido e consciente. Claro que se você for um atleta profissional, provavelmente este livro não se aplicará muito ao seu dia a dia, e eu entendo suas restrições e dedicação ao esporte. É louvável e para poucos. Se você não é atleta profissional, ou modelo ou qualquer outra profissão em que a restrição alimentar seja regra, não há que se fazer muito terror na hora de comer.

Meu interesse sobre alimentação me fez, por instinto, ler desenfreadamente muita coisa sobre o tema, desde livros clássicos, artigos científicos publicados em importantes periódicos internacionais de renome, blogs fajutos, conversas e entrevistas com nutricionistas, estudantes, médicos e profissionais da área da saúde como um todo. Não satisfeito em apenas macronutrientes e micronutrientes, aventurei-me dentre vários temas, sobre o aspecto da evolução humana por meio da alimentação, alcançando leituras interessantes até sobre antropologia, comportamento humano e suas vertentes na área da psicologia, bioquímica e demais ciências que, de certo modo, estão relacionadas direta ou indiretamente com o ato de se alimentar. Se de algum modo ainda estamos vivos, foi porque dominamos bem o processo alimentar. A falta de alimento gera a fome, a fome matou e ainda mata muita gente.

Assim, a cada vez que mergulhava no assunto, aumentava mais ainda a profundidade do tema, e logo percebi que não alcançaria o fim. Não há fim. Percebi que o assunto, por vezes reduzido em calorias por refeição, vai muito além. Costumes, religião, geografia, tecnologia, economia, aspectos simbólicos, evolução, política, poder, dentre outros fatores, interagem de forma cotidiana há milhares de anos e se repetem dia após dia antes de tomar novos rumos na história. Sim, estamos tomando novos rumos. Hoje, grande parte da população tira fotos dos pratos antes de se alimentarem. Vou além: primeiro é preciso postar em redes sociais aquilo que ainda nem sequer foi consumido. Isso é muito curioso, pois antes mesmo de saborear o produto da arte culinária, as redes sociais são invadidas por *hashtags* dos mais variados adjetivos. Ou seja, de certo modo, o consumo do alimento ocorre antes dele mesmo. Estamos, possivelmente, vivendo uma mudança crucial em nossos costumes, principalmente no que diz respeito à alimentação. Ela não é mais atividade principal, é secundária.

Mas antes mesmo do consumo de redes sociais, é importante falar do crescimento da área da nutrição humana, no que tange aos processos dietéticos. O estudo dos nutrientes, vitaminas, demais componentes dos alimentos, bioquímica, fisiologia, microbiologia e demais áreas permitiram e permitem a cada dia um panorama mais completo do que chamam atualmente de alimentação saudável, ou que prefiro chamar de alimentação adequada a determinado fim. Para mim, o termo saudável depende muito do contexto. Infelizmente, por outro lado, há certo exagero quando se fala em vida saudável, principalmente no que diz respeito à comida. Estaríamos reféns da busca incansável pela saúde? Até que ponto a busca por uma vida saudável é, de fato, saudável? Vou tentar esclarecer esse tema nos capítulos que compõem este livro. Mas uma coisa é fato: comer se tornou chato, diria que até perigoso. As pessoas reparam, perguntam, intrometem-se, julgam sua comida.

Comer virou um ato de sacrifício e de culpa. Isso precisa mudar! Três a cada duas mulheres relatam que estão, de alguma forma, preocupadas com o peso corporal, mesmo aquelas que não precisariam, do ponto de vista técnico. Por que as pessoas insistem em fazer dietas? Restrições mirabolantes e sacrifícios masoquistas quando o assunto é alimentação? Quantas pessoas você conhece não conseguem seguir um "plano" alimentar e acabam se frustrando e descontando tudo na comida em pouco tempo? É possível emagrecer com saúde?

Penso que seria muito precipitado predizer planos alimentares para pessoas não doentes. Tudo bem, sabemos que é importante, mas se quiser comer um chocolate, tomar cerveja, qualquer outra coisa, faça! Paradoxalmente, se eu me alimentar mal eu vou adoecer? Há indícios de que sim, mas supostamente seria a longo prazo. Mas seria somente isso o importante? Ou outros hábitos de vida poderiam me proteger? O ambiente em que vivo pode influenciar minha saúde? O que fazer? O equilíbrio é a maestria da vida.

Pouco do que sabemos se baseia nas doenças crônicas não transmissíveis, como a obesidade, diabetes tipo 2 e hipertensão arterial, que, infelizmente, ainda são responsáveis por elevadas taxas de morbidade e mortalidade, no Brasil e no mundo. Nesse caso, vamos destacar a obesidade e os problemas que as pessoas sofrem nas tentativas frustradas de emagrecimento. A obesidade é um problema mundial, independentemente de localização geográfica, cultura, sexo etc. Ela atinge todas as camadas da sociedade. Nenhuma nação conseguiu reduzir de forma significativa os índices de obesidade nos últimos anos.

De modo resumido, temos um entendimento que tanto o excesso de açúcar como o de sal parece ser nocivo à nossa saúde. Eu falei o excesso, não é parar de comer nem sal tampouco o açúcar! Por outro lado, parece óbvio que a escassez do açúcar e do sal também será prejudicial.

Claro que nada é tão simples como se imagina e por isso, no decorrer deste livro, discutiremos sobre isso. Mas será que tudo se resume no que comemos? De todo modo, há que se pensar, refletir e ponderar muito para o rumo que a alimentação atual está sendo levada e como as informações estão sendo repassadas para a sociedade, se é que estão sendo repassadas. Contudo, ressalto aqui toda a importância da área da nutrição e meu respeito a todos profissionais dessa área, que trabalham com tanto esmero a fim de melhorar nossa saúde. Precisamos de vocês mais do que nunca. Ajudem-nos.

De tempos em tempos surgem grandes vilões para a saúde das pessoas. Você, sem dúvida, já percebeu isso. Concorda? Eu imagino que deva existir um tipo de sociedade secreta, que se reúne em algum ritual macabro utilizando roupas e chapéus engraçados para eleger um alimento vilão ou herói. Um bom exemplo disso é o ovo de galinha. Outrora era um alimento que provocaria todo tipo de mal, incluindo, principalmente, doenças cardiovasculares. Tempos depois, o ovo reencarnou e foi considerado saudável... Sugerido por alguns até como cardioprotetor. Foi, então, retirado da lista dos vilões. Não sei até quando. O café também foi demonizado por uns tempos, mas agora pode ser tomado, inclusive várias vezes ao dia. Ufa! Não sei como não morri antes, quando tomar café era perigoso.

Entretanto o que mais tem chamado a atenção não são apenas os pseudovilões alimentares, mas os pseudo-heróis, considerados por alguns como "superalimentos", que quase sempre não apresentam evidências suficientes sobre sua eficiência e eficácia na literatura científica. Esses são inúmeros... principalmente quando se tratam de frutos e castanhas que pouco ouvimos falar. "Superalimentos" que curam diabetes, hipertensão, impotência sexual, HIV/Aids, tuberculose, dor de dente etc. Lembram-se dos Gojiberries? Pois é, chegaram a custar os olhos da cara e depois viram que laranja ou acerola podem ser bem mais eficazes e baratas. Enfim... Além disso, temos inúmeros suplementos que, definitivamente, não funcionam. Talvez, daqui alguns anos, quando você estiver lendo este livro, o cenário poderá ter se invertido, ou não.

O que percebi, – e talvez seja importante destacar, – é que todos nós gostamos de ser enganados. Muitas vezes a gente quer realmente ser enganado. É aquela velha história, todos os dias duas pessoas saem de casa, um esperto e um bobo, e quando se encontram, normalmente fecham algum negócio. É assim em todas as esferas da vida. Queremos acreditar em algo e quando alguém nos apresenta aquilo que gostaríamos, normalmente compramos! Com a alimentação é o mesmo pensamento. Quantas vezes você entrou em uma loja de departamentos ou até mesmo em um supermercado e quando foi para a fila se deparou com inúmeras coisas coloridas ultraprocessadas e cheias de açúcar refinado? Quantas vezes você fracassou em não resistir à tentação daquele produto que você não precisava, mas comprou mesmo assim? As pessoas podem escolher em qual mentira alimentar querem acreditar. É assim que funcionam as dietas milagrosas. Aliás, não funcionam. Desculpe. Mas eu sei que mesmo assim, quando terminar a leitura deste livro, se você não ficar com raiva e parar antes, provavelmente em algum momento da sua vida tentará fazer dieta.

Entenda, quanto menos sabemos de algo, mais inseguro somos e maior é a chance de fazer besteira. Ficamos vulneráveis e os vendedores sabem exatamente que você é uma presa fácil. Certa vez fui a uma loja de produtos "naturais" e rapidamente fui abordado por um vendedor que me perguntou se eu fazia uso de proteínas. Respondi que sim. Queria ver até onde a conversa renderia. Minha esposa detesta que eu faça isso. Ele, o vendedor, estava animado, ensaiado e muito disposto a me vender um pote colorido de *Whey Protein*, proteína do soro do leite – PSL. Havia uma placa enorme de promoção com o preço antes e depois. A diferença era algo em torno de 60%. Ou seja, atraente a promoção. O produto também não era dos piores e a compra até poderia ser boa, caso eu fosse um cliente leigo em potencial. Mas eu não era. Fiz uma ou duas questões técnicas sobre o produto, o qual eu conhecia, e mais, sabia o preço de mercado. O vendedor não soube me responder e rapidamente se furtou e foi abordar a próxima vítima. O produto era mais barato do que a promoção dessa loja. Entenda: se eu não comprar nada, o desconto é ainda maior! Cuidado com as promoções do tipo: "Tudo pela metade do dobro". Pesquise antes.

Perceba, não estou culpando os vendedores. Eu sei que o papel deles é vender e o do comprador, comprar, mas a corrida para a alimentação "saudável" tem tomado proporções tão grandes que as pessoas não sabem o que comprar e os vendedores não sabem o que estão vendendo. Dinheiro não nasce em árvore e sabemos o esforço que fazemos para gastá-lo em produtos que, na maioria das vezes, não serão eficientes em nossas vidas, principalmente quando o assunto é alimentação, e, nos dias de hoje, é muito caro comer de forma saudável. Com o advento da alimentação saudável, vida fitness, projeto barriga de tanquinho e outras baboseiras, tudo natural ficou mais caro. Como explicar que 200 ml de suco de laranja natural podem custar mais caro do que 2 litros de refrigerante?

Saliento que o mercado está sempre atento a isso e nos últimos anos o crescimento de lojas de produtos naturais aumentou exponencialmente. Nas grandes capitais brasileiras é comum encontrar alguma loja dessas a cada bairro. Cuidado! Muitas vezes você está comprando algo que não precisa. As receitas, aqui no sentido financeiro, nunca estiveram tão grandes. Há muito dinheiro envolvido no ramo da alimentação saudável. Muita gente ganha com nossa vontade de emagrecer e não conseguir. Eles nos fidelizam na nossa enorme ilusão da perda de peso. "Perca peso, pergunte-me como!".

A minha intenção com esta obra não é polemizar, não é criticar lojas, profissionais, gurus, ETs, nada disso. Minha ideia é provocar uma reflexão sobre o que consideramos saudável, sobre os demônios alimentares impostos a todo custo, sobre dietas, alimentos, suplementos e estilos de vida que, muitas vezes, são ineficientes e incompatíveis com a ciência e, por conseguinte, com a nossa cultura. A ideia é ponderar e mostrar um caminho mais suave para o hábito saudável, sem culpas, sem remorso, com conhecimento científico, com seriedade e complacência. Não há demônios na alimentação. O terrorismo nutricional precisa acabar e espero ajudá-lo a fugir desse terror. Se você está esperando um livro técnico, cheio de informações, didáticas-científicas ou uma receita milagrosa para ser saudável, não leia este livro.

Espero que goste da leitura!

# ALICE NO PAÍS DAS CALORIAS

Desculpe a falta de criatividade nesse título, mas você, certamente, já ouviu falar da obra-prima **Alice no país das maravilhas**, uma obra genial publicada em 1856. Você pode ter lido, assistido ao filme, desenhos, musicais etc. É uma das principais obras de língua inglesa. Se não leu, leia. Não é uma obra infantil, é para todos. A obra permeia em fantasias lúdicas sobre a realidade e linguagem. Apresenta questionamentos diversos por meio de grandes aventuras. Pois bem, aqui tento mostrar brevemente toda essa fantasia que vivemos nos dias de hoje no que diz respeito às calorias.

*Alice está sentada tomando café da manhã no conforto de sua casa, quando, de repente, surge um coelho e diz que ela está comendo demais, que ela está gorda. Rapidamente, o coelho sai da casa dela. Apesar de estar atrasada para o trabalho, acaba indo atrás do animal. Sente-se desconfiada e começa a se questionar se realmente estava comendo muito e desconfiou que tivesse realmente alguns quilinhos a mais. Ao seguir o coelho, depara-se com um mundo completamente diferente. Dá-se conta que muita coisa estranha está acontecendo e que o improvável – e até impossível – são coisas que acontecem o tempo todo.*

*Alice é uma menina gorda, carregando toda angústia num mundo cruel, um mundo que quer que você não seja apenas saudável, mas ele exige que você seja magro. Alice não aceita e questionará esse mundo. Alice, que agora se considera gorda, começa a receber muita informação sobre dietas, restrição de carboidratos, exercício em excesso, suco detox, superalimentos, alimentos proibidos. Alice, junto ao coelho, agora conta desesperadamente todas as calorias dos alimentos que consome. O importante é que não pode ter glúten, não pode ter lactose, zero carboidratos, sem gordura. A comida deve ser sem sabor e sem graça, como disse o chapeleiro maluco!*

*Alice percebe que muitas pessoas estão mais preocupadas com os nutrientes do que com a própria comida. Já não faz mais sentido comer, apenas nutrir. Automático, mecânico, estressante, sem sentido... Infelizmente a caloria não é mais uma maravilha.*

Tenho percebido, caro leitor, muita gente no país das calorias. Possivelmente você tenha algum aplicativo no celular que mostre a quantidade de calorias que você consome em cada alimento ingerido. Por outro lado, há também outros aplicativos que estimam o gasto de calorias nas diversas atividades físicas do seu dia a dia. Ao final do dia, você sofre com cada caloria que tenha passado a mais do ideal recomendado. As pessoas passam mais tempo lendo os rótulos do que comendo. Tem cursos por aí para aprender a ler rótulos de alimentos, procurando vilões e culpados. Se a maior parte da sua alimentação vem em embalagens e com rótulos cheios de informações nutricionais obrigatórias, algo não está certo. As escolhas estão sendo feitas ao inverso e isso está se tornando normal. Tem gente adotando dietas de 500 kcal por dia! Muitas pessoas estão substituindo comida por *shakes* sabe-se lá do quê. Mas tudo bem, falaram que iria emagrecer. Vale tudo para emagrecer? Para grande parte das pessoas, parece que sim.

Os livros mostram formas de estimar o gasto calórico por meio do nosso peso corporal, idade, nível de atividade física e outras variáveis, mas os livros se esquecem de que somos biológicos e, com certeza, muito diferentes entre nossos semelhantes. Erram no sentido metodológico, pois toda forma indireta de medida apresenta um determinado erro, que deveria ser levado em consideração.

Não estou dizendo que os livros, as estimativas, os cálculos estejam completamente equivocados ou que não sirvam para nada, mas precisam ser mais bem interpretados, ajustados e aplicados por quem os utiliza. Para lembrar, a cada litro de oxigênio consumido (popularmente dito respirado), 5 kcal são gastas (popularmente dita queimadas). É uma constante da natureza. Se em repouso, você, teoricamente, consome, aproximadamente,

3,5mL de oxigênio por cada quilograma de peso corporal, uma conta simples poderá te ajudar com isso!

Precisamos de evidências científicas e muita responsabilidade no que diz respeito à nossa alimentação. Principalmente os nutricionistas, que cuidam – ou deveriam cuidar disso – para nós. Mais evidências e menos terrorismo.

# O FRACASSO DAS DIETAS

Antes de iniciar este livro, eu li muita coisa sobre dieta, muitos livros de dietas de tudo que é jeito, para todo tipo de pessoa: dieta do suco, da lua, da sopa, da fruta, da gordura, da carne, dietas de famosos, dietas de gurus da internet, enfim, dietas, dietas e mais dietas. Testei algumas em mim. Tem para todos, basta escolher uma e fazer. Dados não muito confiáveis mostram que a maioria das pessoas faz, tenta ou já tentou fazer dieta em algum momento de suas vidas. Outras pessoas, entretanto, vivem tentando fazer dieta. Fatalmente, fracassam em algum momento. Mas qual o motivo do fracasso?

Seriam essas pessoas pouco dedicadas à sua vontade de emagrecer? Creio que não. Se existe uma coisa em que a pessoa que busca dieta e exercício físico regular por conta de sobrepeso ou obesidade tem é a inegável vontade de emagrecer. Ninguém mais do que ela sabe das dificuldades em ter aderência para alcançar sucesso no processo de emagrecimento. Então, por que diabos a dieta não funciona, quando se tem pessoas determinadas a enfrentá-la? Entre os tipos de dietas disponíveis, elas sempre falham. O inventor do método, claro, culpa o consumidor, normalmente acusando que ele não teve força de vontade ou determinação. Imagina a série de eventos negativos que isso proporciona em um indivíduo lutando contra o sobrepeso/obesidade?

Emagrecer não é um processo tão simples. A obesidade tem origem multifatorial e o emagrecimento também. Começar uma dieta é fácil, seja ela qual for, os resultados aparecem. A priori, parece que segunda-feira é o melhor dia para começar. Infelizmente a pressa para emagrecer induz o indivíduo adotar estratégias agressivas ao organismo, o que, de fato, não é muito inteligente, mas que funciona em curto prazo. Pelo menos na balança. Passamos anos ganhando peso de modo lento e gradual para querer eliminar as "gordurinhas" na primeira semana de dieta. Quantos quilos você tinha há cinco ou 10 anos?

O problema não é começar uma dieta, mas continuar e manter até que ela se torne um hábito. A manutenção de dietas restritivas não parece funcionar e, portanto, as pessoas acabam por desistir em algum momento. Dessa maneira, pode ocorrer o fenômeno do reganho do peso corporal. Ou seja, aquilo que você perdeu nos primeiros momentos de sucesso de sua dieta milagrosa retorna quando a dieta é interrompida. E em muitos casos, os indivíduos acabam ganhando mais peso ainda, logo, ficando mais gordos quando comparados ao momento em que iniciaram a dieta. Além do fracasso, a frustração. Novas medidas, cada vez mais agressivas, são tomadas e, novamente, com baixas chances de sucesso. Um ciclo perverso e sem fim. Talvez você já tenha tentado emagrecer e não conseguiu. Não se preocupe, acontece com todo mundo. É normal, provavelmente a culpa não é sua. Você precisa de menos dieta e mais informação de qualidade. Aliás, de comida de qualidade.

A obsessão mundial pelo emagrecimento fez surgir a indústria das dietas. Milhões de reais são gastos nesse ramo, desde livros sobre dietas, fármacos que reduzem o apetite, alimentos com baixa caloria, aquisição de programas com promessa de redução rápida de peso corporal. Existe até dieta com sete dias de garantia. Entretanto, não procuram mudar os hábitos que os levam à obesidade.

Ainda hoje as pessoas estão preocupadas no peso que elas enxergam na balança do banheiro ou aquelas descalibradas de farmácia do bairro. Entenda, eu sei que o peso na balança pode até servir de incentivo e até certo controle, mas os pacientes serão recompensados. Tenha calma. Existe até a possibilidade de você emagrecer e aumentar o peso na balança! Absurdo? Vou tentar explicar.

Imagine que você passou por uma avaliação física e foi informado de que estava pesando 70 kg e com 30% de gordura corporal. Adotando essa avaliação como ponto de partida, você foi orientado por um nutricionista e logo se engajou em um programa de atividade física de seu interesse, orientado por um professor de Educação Física. Vamos usar a musculação como exemplo. Pois bem, após três meses, sem sofrer com dietas milagrosas e treinando regularmente, você refaz a avaliação. Ao subir na balança, você se decepciona: 74 kg. Poxa vida, fez tudo certo, comeu exatamente o recomendado, não furou tanto a dieta, treinou direito, dormiu bem, hidratou-se adequadamente etc. O que aconteceu? Ao término da avaliação, você percebe que agora está com 22% de gordura corporal. Tendo como base o mesmo método, mesmo avaliador, mesmo horário. Responda novamente: você engordou? Exatamente, não.

Os músculos aumentam de tamanho, principalmente quando fazemos exercícios resistidos, refletindo o aumento da massa magra. Uma redução de 8 p.p na gordura corporal é o ponto principal a ser analisado nesse caso, não apenas a balança de forma isolada. Os exemplos podem ser inúmeros, então pare de levar o seu peso na balança muito a sério. Continue, é simples, mas não é fácil e, novamente, é preciso ter paciência, aderência e consistência.

Hoje tem sido muito comum as pessoas aderirem a alguns estilos de alimentação, podendo destacar o jejum intermitente, o qual você fica períodos do dia sem se alimentar, podendo fazer uso de água, chá e café *ad libitum.* Alguns indivíduos fazem jejum de oito ou até mais de 30 horas sem se alimentar e depois se alimentam livremente ou com restrição de carboidratos, o que é mais comum ultimamente. Claro que há diferentes tipos de estratégias de jejum intermitente, e caso você tenha vontade ou até mesmo lida bem com isso, converse com a única pessoa que poderá te ajudar a tomar uma boa decisão e montar seu plano alimentar com jejum, o nutricionista.

Em relação à sua eficiência, um ensaio randomizado piloto com sujeitos obesos e diabéticos tipo 2 mostrou que tanto a restrição calórica contínua bem como a restrição intermitente foram similares no controle glicêmico e na redução de peso corporal. Além disso, quando revisados os ensaios clínicos sobre a temática do jejum intermitente tanto em modelo animal quanto em humanos, são percebidas algumas diferenças. No modelo animal (ex. ratos e camundongos), o jejum intermitente se mostrou benéfico em melhora da cognição, redução de estresse oxidativo, prevenção de envelhecimento, melhora da microbiota intestinal, entre outros efeitos positivos. Por outro lado, quando observado em humanos, em ensaios clínicos, tanto protocolos de restrição calórica quanto de jejum intermitente apresentaram resultados semelhantes na redução do peso corporal e da sensibilidade à insulina. Há que se ter muita cautela na extrapolação de dados dos modelos animais para humanos. De toda forma, independente da estratégia utilizada, o déficit calórico é o ponto de maior importância para a redução do peso corporal.

Outra dieta bastante famosa e que ganhou adeptos, e inclusive até se tornando um estilo de vida, o que leva a essa dieta maior aderência e períodos longos de adoção, é a dieta paleolítica. A dieta paleolítica tem como base o consumo de alimentos como carne fresca, verduras e legumes. Sugere-se que industrializados, embutidos, frios, pratos prontos, entre outros, sejam evitados ou até mesmo proibidos. Essa dieta aplica-se à ideia da alimentação do homem das cavernas, pois, segundo seus adeptos, essa alimentação é a ideal para o organismo humano há milhões de anos.

Partem do princípio de que as doenças crônicas são respostas da nossa alimentação, principalmente pelo excesso de alimentos processados, açúcar e até mesmo outras formas de carboidrato. Logo, a partir desse conceito, todo tipo de carboidrato refinado é retirado da dieta com o sentido de estimular o emagrecimento, hipertrofia muscular e melhoras no desempenho esportivo. Entretanto a dieta exclui, além dos industrializados, alimentos com glúten e lactose, pois acreditam que o ganho de peso está associado a isso. E como ela funciona?

Basicamente a carne é consumida livremente e podendo ser de todo tipo de animal, pois, segundo eles, a carne era a base da alimentação na era paleolítica. Frutas e vegetais também são indicados para ingestão livre e à vontade, no sentido de equilibrar a ingestão de carnes. O único líquido permitido é a água. Ou seja, nada daquele suco natural de laranja ou até mesmo daquela deliciosa água de coco bem gelada na praia, ok? A dieta paleolítica é adepta ao jejum. Grãos e massas? Nem pensar. Vamos tentar montar esse quebra-cabeça interessante.

Sobre o consumo de carne, dedicamos um capítulo especialmente a ela. Mas vejamos as frutas e vegetais. Atualmente, quando entramos no supermercado temos acesso a todo tipo de fruta ou vegetal de todos os cantos do mundo. É muito fácil ter acesso e com preços relativamente bons. Comer frutas e vegetais é de fundamental importância, possui fibras, vitaminas, minerais etc. O Brasil, por exemplo, possui uma gama de frutas e vegetais, somos bem servidos disso. Mas agora imagine o homem das cavernas há alguns milhares de anos, para não ir muito distante. Ele não tinha supermercado, ou seja, não havia frutos todos os dias disponíveis, logo, ele dependia da estação e da época de cada fruta. Outro ponto curioso é que cada região onde viviam nossos antepassados não possuía a mesma variedade de alimentos, até porque, dependendo da época, não havia tanta variedade assim. Os grãos e as massas são proibidos na dieta paleo, pois eles consideram que não existiam grãos naquela época. Além disso, relatam que não poderiam moer os grãos. Primeiro engano ou ponto controverso da dieta.

Nossos ancestrais possuíam como base não os vegetais e frutas, como diz a dieta, mas, sim, grãos. Vale lembrar que há relatos da produção de cerveja antes mesmo do paleolítico. Além disso, eles controlavam bem alguns grãos e até o pão já existia. Então, caro leitor, essa guerra contra o glúten e contra a lactose não passa de polêmica, modismo, interesses e falta de ciência. O glúten faz mal para doentes celíacos. A lactose só faz mal para o intolerante à lactose etc. Outro segredinho: os homens das cavernas, na era paleolítica, já eram capazes de produzir seus embutidos. Sim, esses que demonizam por aí.

Nada contra a dieta paleolítica, mas a fundamentação para a exclusão de determinados produtos não faz sentido. São contra os industrializados, mas se você observar, eles sempre tomam *shakes* de *whey protein* e demais suplementos. Curioso, não? Pois é.

# NUTRICIONISMO E PROMESSAS DE UM NOVO TEMPO

Tenho observado que os mais sérios dos nutricionistas não são tão procurados pelas pessoas quantos os polêmicos e radicais badalados das redes sociais. Os primeiros, falam a verdade e adotam estratégias coerentes e inteligentes no processo de emagrecimento de acordo com a realidade do paciente. Entretanto as pessoas querem acreditar em milagres e estão sempre procurando aqueles que vendem a fórmula secreta que, imagine, só eles têm. Tem muito profissional se aproveitando do "desespero" do paciente e lotando suas agendas em consultórios, cobrando valores exorbitantes a cada consulta, falando o que o paciente quer escutar, iludindo muitas vezes as pessoas, lidando com algo muito sério, a saúde humana. Muitos adotam estratégias de programação neurolinguística e *coaching* de modo inadequado ou voltado para os lucros. Parece que está na moda. O paciente virou um fiel seguidor do seu guru. Conversei e entrevistei muitos profissionais sérios e outros nem tão bons assim, e acabei adquirindo muita informação interessante. Uma em especial me chamou a atenção e compartilho aqui: *"Quando quero fazer um dinheiro a mais, eu provoco uma polêmica na internet e falo algumas besteiras. No outro dia minha agenda lota. É ótimo para os negócios. O povo é muito trouxa".*

Não importa mais o que a literatura científica aponta, não importam mais as evidências, ensaios clínicos randomizados, meta -análises e demais formas de expressão da ciência. Aliás, alguns até usurpam e deturpam as informações contidas em algum estudo científico e traduzem como bem querem para alcançar audiência. Isso é um perigo.

Os fiéis seguidores fazem o que os seus gurus mandam, desde falar gratidão como mantra em qualquer ocasião até tomar café pelo orifício anal. Tomar vinagre em jejum para derreter gordura, pingar óleo de coco no olho para evitar catarata, leite de barata para prevenir a osteoporose, perna de grilo para afinar as coxas... Entende? Não importa. Eles vão fazer. É bizarro, não é? Eu sei, é.

Outro fato importante que está acontecendo na temática do emagrecimento no país das calorias que incomoda muitos profissionais sérios é a invasão de alguns médicos na área da Nutrição e da Educação Física.

Estão invadindo a área dos nutricionistas e prescrevendo dietas e suplementos alimentares, fórmulas manipuladas que não servem para muita coisa, além de drogas para emagrecer que aparentemente não possuem bom custo-benefício, devido aos seus inúmeros efeitos colaterais. Solicitam uma extensa lista de exames de sangue, principalmente marcadores hormonais, para que, sempre que possível, mesmo sem indicativo, receitarem algum tipo de esteroide anabolizante, sendo mais comum a testosterona.

Imagine uma mulher com problema de peso corporal, às vezes apenas um pouco fora de forma, não por desleixo, mas por uma série de fatores que podem levar a um aumento de gordura, como mais horas de trabalho, poucas horas de sono, problemas familiares, ansiedade, enfim, uma mulher normal. Conhece alguém parecida? Pois bem, essa pessoa, preocupada com o corpo, influenciada por todos os lados por uma vida saudável, uma forma milagrosa de perder gordura, acaba procurando um profissional da medicina, muitas vezes muito bem recomendado até por colegas, conhecidos etc. Ela está fragilizada, tentou dieta algumas vezes, obviamente não deu certo, e então ela está ali, na frente do médico, o que tudo sabe, o milagroso, aguardando um conforto para seu enorme problema. O médico sabe dos anseios dela, os pacientes dele sempre buscam o mesmo: perder peso ou ganhar massa magra. O procedimento é simples: o médico prescreve uma dieta *low carb* cheia de proibições. Exato, o médico entrou na área da nutrição. Além da dieta, alguns manipulados com promessas de melhora do cabelo, unha e pele. Ela se anima. Que mulher não quer melhorar o cabelo, unha e pele?

Além disso, ele verifica a taxas dos hormônios e pergunta se ela gostaria de algo para melhorar a composição corporal. Claro que sim, o objetivo da consulta foi exatamente esse. Então se inclui na receita um esteroide oral 17 aa derivado do DHT, a tão famosa oxandrolona. A queridinha das mulheres usuárias de esteroides, pois é uma droga pouco androgênica, com baixo potencial anabólico e pouca virilização. Doses baixas, contudo, também podem apresentar os famosos efeitos colaterais, como acne e queda de cabelo. Mas, claro, essas informações técnicas não são passadas aos pacientes.

Lembram-se do início dos manipulados exatamente para pele, unha e cabelo? Pois é. Poderia parar por aí, certo? Errado. Oxandrolona é facilmente conseguida em farmácias de manipulação com receita. Para fechar com chave de ouro, um fármaco para reduzir a gordura corporal. Leia-se: um medicamento, normalmente indicado como terapia para a melhora do controle glicêmico de diabéticos tipo 2. Sim, um fármaco utilizado para uma doença muito séria, que aumenta a secreção de insulina dependente de glicose, mas, segundo alguns profissionais da medicina, um santo remédio para reduzir gordura corporal.

O problema desses fármacos é que, além de pouco efetivos, possuem inúmeras reações adversas, como enjoos intermináveis, indisposição, vômito, diminuição de apetite, má digestão, boca seca, cansaço, tontura, hipoglicemia, dentre outros, mas, como dizem, são transitórios e somem nas primeiras semanas. Em curto prazo, encontra-se algum benefício estético, claro. Mas e em longo prazo? Vale a pena? Aparentemente não. Esse exemplo não é hipotético, é real.

Não sou contra o uso de esteroides anabolizantes nem de fármacos como os citados acima. Eles têm sua função. Sou contra o uso indiscriminado e para populações que não necessitam desse tipo de produto. Um médico especialista em endocrinologia saberá quando da utilização de tal procedimento. Além disso, uma boa alimentação e a prática do exercício são sempre indicadas. Eu garanto que um médico sério jamais prescreveria qualquer tipo de fármaco sem necessidade. Isso vai contra tudo aquilo que ele estudou e contra seu código de ética. Escolha bem seus médicos.

Uma coisa muito engraçada aconteceu nas redes sociais um tempo atrás. Surgiu uma onda nas redes sociais sugerindo que as pessoas buscassem os nomes dos seus médicos no site do Conselho Federal de Medicina. Imagine o alvoroço quando aqueles médicos que se diziam endocrinologistas foram desmascarados e, na realidade, não tinham residência na área específica, muitas vezes não possuíam nenhuma especialidade, apenas cursos de final de semana sobre um tema chamado "modulação hormonal". Não sobrou quase ninguém. A maioria dos médicos mudou seus perfis na internet devido à chuva de questionamentos e pedidos de informação. Claro que o alcance é mínimo e pouco representativo.

Por fim, cuidado com profissionais, seja de qual área for, prescrevendo dietas. Isso é exercício ilegal da profissão, ou seja, crime. Procure sempre um bom nutricionista sem nutricionismo. Nutricionismo é reduzir toda a dinâmica da área da Nutrição em alimentos do bem ou do mal e acabar se aproveitando dessa situação. A ciência existe para nos auxiliar a ter uma vida melhor e não pior. Confie na boa ciência. Vale a pena.

# POR FAVOR, COMA CARNE!

Sim, coma carne. Pode ser do animal que for, coma. Se você não possui nenhuma restrição religiosa, alergia ou doença que limite esse consumo, não há motivo para não comer. Sério.

Há cerca de 500 mil anos, aprendemos a lidar com o fogo, o que facilitou, de certa forma, transformar alimentos tóxicos em sua forma natural em comestíveis após um processo de cocção. Além disso, aprendemos a cozinhar a carne, proveniente de uma caçada ou até mesmo de um saque a grupos de carnívoros. Com efeito, parece que já teríamos a habilidade do furto de carcaças abatidas. Tudo bem, sabe-se que leões podem roubar presas de outros animais, bem como as hienas podem caçar quando não conseguem realizar o furto qualificado. Isso, de fato, é bastante curioso. Outro ponto muito interessante é que animais carnívoros têm certa preferência por carne cozida, fenômeno observado após incêndios naturais. De certo, é mais fácil a ingestão de carne cozida do que crua, ainda mais em grandes quantidades, além do que, o processo digestivo também influencia bastante. Assim, a carne era, de todo modo, um importante alimento para obtenção de energia e sobrevivência.

Por outro lado, não podemos, de modo algum, defender o consumo de carne como sendo a única maneira de sobrevivência ou de evolução, pois o aporte de carne sempre se apresentou como complemento da alimentação dos primeiros hominídeos, que era basicamente rica em vegetais. Assim, as evidências científicas nos fazem pensar que o *Homo habilis* era um oportunista! Ele se alimentava de frutas, grãos, folhagens específicas e corriqueiramente, capturava alguns animais menores, caçava ou roubava outros maiores. E quando, então, a carne começou a ter um papel mais importante?

Após o *Homo habilis*, surge o *Homo erectus* (aproximadamente, um milhão de anos). Ele aparece em áreas temperadas e de acordo com as mudanças climáticas decorridas naquele tempo, houve uma significante redução nos recursos vegetais, proporcionando à carne um fator nutricional essencial, no entanto, não exclusivo. Vários sítios arqueológicos comprovam as caças e estruturas complexas dos povos em conseguir abater animais de grande porte (ex., elefantes e até mesmo mamutes). Nesse momento, o estoque da carne já era algo provável. Assim, além do aspecto nutricional da cocção de alimentos, a carne e demais alimentos se estabelecem no hábito social dos povos. Com o tempo, as caças, anteriormente isoladas, deram espaço para a caça em massa, objetivando grandes manadas, possivelmente em migração. Após o sucesso na caçada, havia um rito de comemoração em torno do animal abatido, provavelmente regado a algo similar à cerveja atual.

Avançando bem na história, temos um ponto de destaque (aproximadamente 8.000 a.C.). As grandes manadas sumiram e instalou-se uma fauna com florestas, na qual pequenos carnívoros, javalis, cervos etc. eram o cenário de animais disponíveis. Entretanto o acesso dentro das florestas era mais complicado e difícil de caçar. Assim, começamos a diversificar os alimentos e o consumo de peixes, moluscos e aves se tornaram habituais. Havia, agora, uma maior diversidade nos alimentos, principalmente nas fontes de proteínas. Obviamente nem todas as regiões eram iguais e, claro, algumas não possuíam tanta diversidade ou quantidade de alimentos, devendo, então, aumentar a exploração do ambiente para buscar mais fontes de energia, muita vezes por espécies animais e vegetais de pequeno porte, como frutas vermelhas, ervilhas, lentilhas etc. Certo que esses alimentos citados não possuíam calorias suficientes para uma alimentação adequada.

Assim, levanta-se o seguinte questionamento: se houvesse fontes de caloria suficientes (ex., grandes animais) qual a necessidade em complementar a alimentação com pequenos animais ou outros vegetais pobres em calorias? Logo, comer carne era uma preocupação daquela época, pois o fornecimento de energia era certo e eles sabiam disso. De tal modo, o advento da agricultura e da domesticação de animais (para consumo) mostra que a alimentação era suficiente do ponto de vista nutricional e importante para o desenvolvimento dos povos em nível organizacional. Ou seja, tudo aquilo que não era do meio doméstico foi sendo deixado de lado, quase que esquecido por algum tempo.

Atualmente o consumo da carne é mais que meramente nutricional, é simbólico, é social, até mesmo uma forma de poder. Parece que nosso cérebro sabe disso; na verdade, sabe. Muitos receptores atuam nesse momento e, normalmente, sempre comemos muito mais carne do que precisaríamos em eventos sociais que envolvem a carne assada (churrasco de família, amigos etc.). Não há nenhum problema nisso.

Seja lá qual for o ponto da carne (quanto mais mal passada melhor, aceitem), é necessário relatar que ela foi e sempre será importante para o nosso desenvolvimento humano, sendo parte fundamental de todas as estruturas de nosso organismo. Logo, não se pode falar em evolução humana sem falar sobre alimentação e, seguramente, a carne possui relevância nesse longo processo. Inclusive, há teorias bem fundamentadas de que o tamanho do cérebro foi aumentando ao longo do tempo devido ao consumo de mais calorias devido, principalmente, pelo consumo de carne.

No início do século XIX descobriram-se os tais compostos nitrogenados nos alimentos, os quais apresentam sua importância à vida humana. Logo, o interesse sobre isso aumentou e essas macromoléculas foram chamadas de proteínas. As proteínas são fundamentais para todo conteúdo celular do nosso organismo, pois apresentam inúmeras funções, tal qual a síntese de novas células, manutenção das atuais e degradação das danificadas, que serão posteriormente substituídas por novas. Aqui não nos interessa saber sobre a bioquímica das proteínas, mas devemos entender que as proteínas são compostas de aminoácidos. Elas servem para praticamente tudo, desde processos biológicos, transporte de outras moléculas, contração muscular, ativação de conteúdos de DNA e até mesmo como fonte de energia. Sabe-se que cerca de 1g de proteína produz cerca de 4 kcal. Agora podemos entender como era importante para os povos passados a caça de grandes animais. Àquela época, as proteínas eram imprescindíveis para o fornecimento de energia. Hoje, utilizamos, prioritariamente, para outras funções. Tudo que não queremos hoje é utilizar as proteínas como fonte de energia.

Atualmente, quando falamos em alimentação, principalmente na moda da alimentação saudável, a proteína sempre surge como assunto quase polêmico, principalmente no que diz respeito à sua qualidade. Tudo que queremos desse macronutriente é que ele possa promover saúde por meio de suas ações metabólicas. Mais além, estamos mais interessados no papel de síntese proteica, para, dentre vários motivos, manter ou melhorar nossa massa corporal, combater o excesso de peso, bem como melhorar o processo de envelhecimento. Logo, é importante entender a capacidade das proteínas em atender às diversas necessidades da vida humana, como o crescimento, gravidez, lactação, dentre outras. Mas quanto de proteína eu devo comer?

Se você fizer uma busca rápida na internet, perceberá que há muitas tabelas com informações nutricionais. São popularmente conhecidas e chamadas de *Recommended Dietary Allowances* (RDA), que, como não poderia ser diferente, são provenientes dos Estados Unidos da América e muito populares no Brasil. Essas RDA são constantemente revisadas e, em 1989, passou a ser conhecida como *Dietary Reference Intakes* (DRI). Ou seja, baseado em estudos com diferentes populações, elabora-se um guia que seria suficiente para cerca de 98% da população. Há que se ter muita cautela na utilização generalizada dessas informações. Eu morro de medo dessas tabelas; particularmente, com todo respeito, não me servem para muita coisa.

Em relação às quantidades de proteínas, é muito comum a recomendação geral de 0,8g de proteína/kg de peso corporal por dia (ptn/kg/dia) considerando um indivíduo normal. Oras, e o que é um indivíduo normal nos dias de hoje? Os nutricionistas adoram nos falar que não necessitamos de muita proteína (recomendada) quando temos uma dieta equilibrada energeticamente. Lindo, não? Não, não é. O que, de fato, importa?

Importa que se você for um sujeito normal e tenha diversificação no consumo de proteína, principalmente as de alto valor biológico, ou seja, carne vermelha, peixes, frango, ovos de galinha, leite e seus derivados, a suplementação de proteína não seria necessária. Então, por que o modismo para a tão milagrosa suplementação de proteína, em sua maioria das vezes com *whey protein?* O indivíduo mal começa um programa de atividades físicas orientadas e deixa uma boa quantia em dinheiro em diversos produtos que, decerto, não precisaria. Dentre esses produtos, sempre, sempre estará o pote de *"whey"*. Além disso, tanto se fala em consumo de proteínas, redução de carboidratos, não faz muito sentido ficar contando a quantidade gramas de proteína no dia a dia. Alias, é para almoçar ou fazer conta de aritmética?

Então, caro leitor, calma, talvez você não precise suplemento ainda. Você precisa comer e se saciar até a próxima refeição. Você precisa entender que a digestão de proteínas leva um tempo maior. É isso que precisamos saber como um ponto de partida.

Talvez nunca precise usar suplemento, na verdade. Então qual a melhor recomendação que você deveria ter neste momento? Procurar um nutricionista de confiança que seja ético e entenda todas as suas necessidades nutricionais. Esse seria o correto. Então o que se passa com a maioria das pessoas? Explico.

O número de cursos de graduação em nutrição aumentou de modo significativo no Brasil e com o advento das doenças crônicas, preocupações com a saúde pública, desempenho esportivo, o acesso a determinadas informações ficou mais fácil. Temos mais nutricionistas no Brasil e, de modo geral, eles têm feito um excelente trabalho. A sociedade brasileira está mais atenta e interessada a esse assunto e muito. Por outro lado, como disse o gênio Umberto Eco, a internet deu voz aos idiotas, e isso atrapalha muito o processo educativo.

Muita gente tem se aproveitado das redes sociais para dar palpites sobre alimentação, prescrever dietas, receitas milagrosas e todo tipo de coisa bizarra. Infelizmente não são apenas os leigos sem formação profissional, mas também nutricionistas, médicos, professores de Educação Física, até dentistas. É fácil, só você seguir um deles nas redes sociais. Infelizmente esses influenciadores digitais da "alimentação saudável" possuem um alcance enorme no que diz respeito às pessoas e muita gente consome esse material e, na maior parte das vezes, pagam muito dinheiro para ter acesso a consultorias on-line de dietas, planos alimentares, dicas de emagrecimento, compra e venda de esteroides anabolizantes etc. É comum você observar na internet os desafios. São muitos, por exemplo: #ovotododia #limaoegratidão #secabarriga #lowcarb e demais *hashtags* que não posso mencionar.

As redes sociais são muito boas, dá para se divertir bastante. Vejo muito projeto verão de 30 dias e quando acaba a pessoa começa mais um projeto de 30 dias, pois o anterior parece que não deu o resultado pretendido. O que os gurus de internet não mostram ou relatam para seus fiéis seguidores são as estratégias nada éticas na busca de um corpo "perfeito". Já aviso logo, pessoas com barriga "tanquinho" não fazem uso apenas de dieta e exercício. Claro que há todo o esforço, dedicação e sacrifício, mas acredite em mim, muitas vezes essas pessoas não tomam nada daquilo que elas fazem propaganda, os tais suplementos.

Entende-se que cada indivíduo possui necessidades energéticas particulares ao seu organismo, logo, o que funciona para um talvez não funcione para o outro. Entretanto, a individualização, quando se trata de pesquisa científica e dados epidemiológicos, torna-se inviável, para não dizer impossível. Em tempo, temos que considerar muitos fatores no que diz respeito à quantidade de proteínas que uma pessoa deve ingerir durante o dia. Assim, questões como estado físico (sedentário ou atleta), idade, potencial genético, histórico esportivo, doenças preexistentes, uso de recursos intensificadores de performance, gravidez, tipo de exercício predominante (força ou aeróbio) são cruciais na determinação das quantidades ideais.

Pessoas que buscam a hipertrofia, com treinamento intenso, apresentam cerca de 1,5 a 2,0g/kg/dia (podendo ir até 3g/kg/dia, ou mais). Não vou entrar no mérito da estratégia utilizada, mas variam desde o pré-treino, pós-treino, ao longo das refeições, como lanches individuais, ceia, dentre outras estratégias, como a *pre-sleep protein*. Sabendo que o fígado é ator principal no controle das concentrações de aminoácidos circulantes, e em caso de excesso ocorrerá uma degradação a fim de ajustar as concentrações de acordo com a necessidade de cada organismo, parte dos aminoácidos são captados por tecidos e estão ligados com a síntese proteica. O excesso, após a degradação, pode ser convertido em gordura (triglicerídeo) e ser depositado no próprio fígado. De toda forma, todo excesso de proteína ingerida será metabolizada, sendo que também poderá virar glicose ou ser oxidado pelo ciclo de Krebs. Esse ponto para obtenção de energia ocorre normalmente em indivíduos que estão em déficit calórico, provavelmente por dietas hipocalóricas ou como hoje está na moda, as dietas pobres em carboidratos. Logo, fica a nota mental: o excesso de proteínas na dieta não aumentará a síntese proteica (hipertrofia). Mais nem sempre é melhor.

Encerrando essa parte fisiológica ridicularmente básica, que é interessante, mas não para este momento, voltemos à carne. A carne faz parte de praticamente todo tecido muscular dos mamíferos e também das aves. Do ponto de vista nutricional, possui excelente valor biológico, pelo conteúdo de proteínas, gorduras, vitaminas, minerais e demais componentes. Embora existam diferenças entre os animais, as proteínas apresentam alta qualidade, principalmente pelo fornecimento de aminoácidos essenciais. Seja lá qual for o bicho, coma-o. Você nem precisa caçar, já estão no açougue cortados, limpos e frescos. Basta colocar no fogo com um pouco de sal.

As pessoas possuem a tendência em dividir a carne em categorias de magra (até 10% de gordura) e gorda. Exemplos clássicos de carne magra são a carne de frango, a queridinha dos marombeiros, e a de coelho, esta menos consumida no Brasil, mas incrivelmente deliciosa. Entre a carne gorda, o exemplo mais clássico é a carne de porco, famosa por ser suculenta e macia. As carnes apresentam um bom componente de vitaminas, destacando as do complexo B. Em relação aos minerais, fósforo, potássio, zinco e ferro podem ser destacados.

Tudo bem, agora quando se trata de carne de vaca/boi, qual corte devo escolher? A resposta não poderia ser mais simples: aquela que você mais gosta, claro! Eu, particularmente, tenho vários cortes preferidos, desde a famosa picanha, fraldinha, toda extensão do contrafilé, filé mignon e alguns cortes com osso, como a costela. Entretanto, quando se fala em carne bovina, o principal ponto a ser levado em consideração é o modo de fazer.

Algumas carnes ficam melhores quando feitas na panela de pressão, com alguns vegetais e caldo. Outras caem superbem numa frigideira com óleo e sal, nada mais. É o caso do filé mignon. A maior parte delas, principalmente quando falamos do quarto traseiro do animal, merece ir ao fogo, ou seja, churrasco, o velho e bom hábito dos brasileiros e dos nossos irmãos argentinos e uruguaios, cada qual com seus ritos. Ah, por favor, se for para jogar a gordura da picanha fora, porque falam para você que faz mal, não coma, ok? O charme de alguns cortes é exatamente a gordura. Há muita gente disposta a pagar muito dinheiro por carnes ricas em gordura, os chamados marmoreios. Alguns gados específicos são criados nesse intuito. É algo incrível. Se ainda não comeu, sugiro experimentar, vale cada chance de infarto e entupimento de vasos. Não, você não vai morrer se comer gordura. Você tem mais chances de morrer por violência urbana no Brasil do que por comer um pedaço de picanha com gordura. Aproveite.

Ok, você não é muito fã de carne. Posso tentar entender. Mas você gosta de peixes e frutos do mar? Ótimo! Seja de água salgada ou de água doce, os peixes possuem uma composição similar à da carne. Entretanto a digestão do peixe é mais simples/fácil devido ao menor número de tecido conjuntivo. Perceba que até a faca para peixe é diferente da faca para carne bovina. Em relação às proteínas, são de alta qualidade biológica e são ricas em vitaminas A e D, e podemos destacar minerais como fósforo, sódio, potássio e iodo.

Atum e sardinha são peixes cujo teor de lipídeos chega a 10%. Por outro lado, a pescada possui algo próximo de 2%. Peixes apresentam menor proporção de gordura saturada e colesterol quando comparado com a carne vermelha. De modo geral, peixes, quanto mais frescos, melhor. Eu sugiro um peixe muito saboroso de água salgada, o vermelho, também chamado de cioba em algumas regiões, sendo muito comum no nordeste brasileiro. Enfim, depende de onde você estiver e ao que tiver acesso. Não há um melhor ou pior.

Bom, não come carne vermelha e nem peixe? Que tal ovo? Pode ser? O ovo é um alimento considerado completo. Elevada qualidade de proteína, vitaminas, minerais e gorduras. A clara do ovo contém grande quantidade de proteína, complexo B e alguns minerais importantes. É comum indivíduos que levam o treinamento de força mais a sério consumindo grandes quantidades de claras de ovos. Contudo a gema também é importante, rica em ferro, fósforo, vitaminas A, B e D, muita proteína, lipídeos e elevado conteúdo de colesterol. Bom, sei que você já deve ter lido por aí que comer ovo demais pode ser um problema e que aumenta o colesterol que, por sua vez, provocará alguma doença do aparelho cardiovascular, correto? Muitos, inclusive, recomendam o consumo moderado de até uma gema por dia. As estimativas mostram que a cada 100 g de gema de ovo encontra-se 1,5 g de colesterol. Não se preocupe com isso. Quer comer ovo? Coma! Sem colesterol não haveria vida. Ademais, parece que a gordura não é tão responsável assim pelos eventos cardiovasculares. Ah, ele é extremamente acessível em relação a preços.

Por fim, existem pessoas que são adeptas ao vegetarianismo ou veganismo. A adoção desse estilo de vida tem suas razões e princípios e, claro, não cabe a ninguém julgar se é certo ou errado. Cada um com suas verdades. Este livro, por exemplo, não vai agradar a todos (que assim seja). Mas com todo respeito aos não comedores de carne, esse hábito não me parece muito inteligente, uma vez que as proteínas de fonte animal são de essencial importância na manutenção de nossas vidas. Não discuto que existem evidências relatando benefícios de dietas com ausência de carne, principalmente em quadros instalados de processos inflamatórios. Entretanto não descarto que outras estratégias poderiam ser tão eficazes quanto à do vegetarianismo; por exemplo, a redução do consumo de carne ou até mesmo a substituição do tipo de carne, consumo de sódio e demais variáveis de confundimento que estão sempre presentes em alguns desenhos experimentais desses estudos. Portanto, não sei até que ponto vale a pena o não consumo de carne/proteínas.

Ah, não me venha com a história de que conseguimos o essencial de proteínas no consumo de vegetais, pois não conseguimos. É inviável. Além do mais, o não consumo da carne provoca carências gravíssimas, levando o indivíduo a ter que suplementar diversos componentes que são encontrados na carne. Faz sentido? Talvez faça, pois a saúde do sistema nervoso fica prejudicada na falta de alguns aminoácidos, então o desempenho das faculdades mentais pode ser reduzido. Não é possível que passamos milhões de anos aprimorando a caça, instrumentos de corte, trato digestivo, desenvolvimento do sistema nervoso, metabolismo energético, para chegarmos nos dias de hoje e comer apenas brócolis.

De tal maneira, com algumas ressalvas, parece que nossa sociedade não consegue viver mais sem o consumo de carne. Ela se torna importante e culturalmente ligada às nossas refeições diárias. O que era raro se tornou comum e o brasileiro come carne praticamente todos os dias. Entretanto, um ponto partindo de outra perspectiva deve ser apontado. Realmente precisamos comer carne em grandes quantidades? Qual o impacto? Não o impacto para a saúde, mas no contexto global do tema.

Infelizmente no Brasil tivemos recentemente um grande escândalo em uma das maiores produtoras de carne, por meio da operação "Carne Fraca", a qual desmascarou e verificou inúmeras irregularidades no processo de produção. Foi uma confusão, muitos países deixaram de comprar nossa carne durante um tempo até que a qualidade fosse reestabelecida. Irregularidades fizeram com que inúmeros frigoríficos fossem fechados. Até papelão haviam encontrado na carne, além de produtos de conservação em excesso. Mas isso não ocorreu só no Brasil, mas especialmente aqui, merece ser pontuado, pois somos um dos maiores exportadores de carne para todo o mundo.

Curiosamente, alguns países têm aumentado em grande velocidade seu consumo de carne, principalmente os países do Brics (Brasil, Rússia, Índia, China e África do Sul). A China e a Índia ampliaram muito o seu consumo de carne, destacando-se a Índia, pois era considerado um país vegetariano.

Percebam que o preço da carne aumentou nos últimos anos. É realmente caro. Basta pensar no processo de produção, impacto ambiental e social. Em algum momento, algum ponto ficará descoberto e como qualquer negócio no mundo, alimentar os grandes interesses se voltam ao lucro. Perceba, o aumento no consumo de animais e seus derivados depende, dentre outros fatores, da criação e engorda desses animais. Isso gera um custo, principalmente social. Se utilizássemos os cereais e alimentos destinados à engorda de todos os animais industriais, milhões de pessoas poderiam ser alimentadas. É uma reflexão que deve ser feita. Não estou falando para você virar vegano, pois não vai mudar em nada esse cenário. Apenas um dado curioso e polêmico.

Outro ponto importante é que cada vez mais, novas tecnologias são criadas para a melhora do animal de consumo, como o melhoramento genético de raças. Paradoxalmente, a melhora na qualidade do animal não é refletida na qualidade do produto que nos é fornecido, uma vez que as raças têm diminuído e algumas estão até ameaçadas de extinção. Assim, dependemos de uma menor oferta na variedade de animais. Enfim, muitos pontos poderiam ser abordados aqui, mas principalmente aqueles destinados à nossa saúde, como o impacto do uso de hormônios, antibióticos, resíduos químicos etc. Lembram-se da gripe aviária? Vaca louca? Gripe suína? Pois bem, há que se preocupar com isso também.

# OBESIDADE: NADA É TÃO RUIM QUE NÃO POSSA PIORAR

A obesidade não é algo novo. Isso já sabemos. Entretanto ela tem sido relatada há centenas de anos como um importante problema. O termo vem do latim *Obesitas*, que quer dizer gordura física; por conseguinte, na história, *Obedere* significa comer em excesso, comer muito. Em contrapartida, mesmo que nossos antepassados, há milhões de anos, não tenham convivido com essa condição, outros povos mais recentes tinham o excesso de peso como referência de estética e de fertilidade em diferentes culturas. Uma referência ao assunto seria a estatueta chamada de Vênus, de Willendorf, com estimativa de ter sido esculpida há 24 mil anos. A obra se encontra no Museu de História Natural de Viena, Áustria, e possui cerca de 11,1cm de altura.

Curiosamente, alguns relatos científicos associam a obesidade com o aumento das redes de *fast food* e consumo de alimentos mais industrializados. Entretanto o fenômeno da obesidade parece ter se iniciado bem antes disso, principalmente nos Estados Unidos, por volta dos anos 30, exatamente no período em que ocorreu uma crise conhecida como a Grande Depressão, época de desemprego, falta de alimentos etc.

Considera-se a obesidade como doença e, a partir daí, tratada como tal. Sabemos que faz mal, sabemos dos perigos, das doenças associadas, sabemos que não é bom. Temos alertas dos diferentes pontos possíveis, a mídia sempre se dispõe a falar sobre o tema. Existem *reality shows* destinados a iniciativas para redução do peso corporal, melhora da alimentação etc. Ainda na TV, nunca tivemos tantos programas em rede aberta destinados a qualidade de vida, bem-estar, saúde etc. Sabemos de tudo isso, mas por que estamos ficando cada vez mais obesos? Mais da metade da população brasileira se encontra com sobrepeso. Os dados não são muito diferentes em outros países.

Onde estamos errando? Hipócrates (século V a.C.) dizia que a obesidade era um estado negativo de saúde. Depois, Cláudio Galeno (131-200) realizava inúmeras observações sobre a obesidade e suas consequências. Ambos indicavam que a alimentação e o exercício físico poderiam ser úteis no tratamento da obesidade. Embora existam evidências há mais de 2.000 anos de que a obesidade tem relação negativa com a saúde, a etiologia ainda não foi totalmente desvendada. A ideia é que seja multifatorial, associada a fatores genéticos, endócrinos, ambientais, neurológicos e comportamentais, além de muitos outros, e cada fator citado apresenta uma rede quase imensurável de cofatores que ampliam a complexidade do assunto, muitas vezes tratado com banalidade. Assim, tais fatores contribuem sistematicamente para o desequilíbrio energético (ex. consumo/gasto), o qual resulta em acúmulo indesejado de gordura corporal, podendo, na maioria dos casos, prejudicar a saúde de modo crônico.

Logo, seguindo a lógica do quesito multifatorial, não adianta querer culpar apenas um fator, que normalmente é a alimentação ou a falta do exercício físico (inatividade física). Se olharmos por uma perspectiva genética, a ciência nos mostra que alguma mutação poderia comprometer a saciedade por meio de um distúrbio nos centros controladores de apetite. Excetuando as especulações como os "genes candidatos", acredita-se que cerca de 5% dos casos de obesidade tenham relação direta com a genética do indivíduo. O que não é muito, dentre o universo da obesidade como alvo epidemiológico e em constante crescimento. Então não vamos sair por aí culpando a apenas a genética, ok? Até as coisas vão bem além da genética, como a epigenética e efeitos transgeracionais, mas isso é outra história.

Importante saber que a hereditariedade contribui no processo da obesidade, mas quando verificamos a pandemia, as pesquisas partem do princípio de que as grandes e importantes alterações comportamentais e sociais, menor necessidade de gasto energético e estímulo ao alimento hipercalórico, tenham contribuição fundamental para esse grave problema. O sedentarismo e a inatividade física parecem ser um ponto de referência nesse processo. Então, segundo esse pensamento, conclui-se que dependendo do balanço energético (positivo ou negativo) podemos compreender o problema? A resposta é talvez ou depende. Se fosse tão simples não existiriam obesos. Bastaria fazer exercícios e adotar alguma dieta hipocalórica. Mas sabemos que não funciona assim, que é mais um pouco mais complexo do que imaginamos.

Nós somos governados por leis, é simples, e teoricamente ninguém estaria acima delas. Decerto, em algum momento da sua vida escolar, na disciplina de Física, talvez no ensino médio, você tenha se deparado com as leis da termodinâmica. Não se lembra, não é mesmo? Tudo bem, ninguém se lembra de nada do que viu na escola, a priori. Entretanto, se trata de uma lei da física que dispõe sobre a conservação da energia, que diz: *"De acordo com o princípio da conservação da energia, a energia não será criada tampouco destruída, mas somente transformada"*. Talvez você tenha se lembrado agora. Então, seguindo a ideia dessa lei, seríamos a resultante de tudo que comemos subtraindo aquilo que gastamos realizando atividade física. Contudo nosso organismo não é tão exato assim. Ou até pode ser, mas ainda não sabemos como controlar.

Acontece que, embora as pessoas passem horas contando calorias, elas reagem no organismo de modo diferente. A caloria proveniente do carboidrato será metabolizada por vias diferentes quando comparada com as proteínas. Além disso, frutose e glicose parecem não ter o mesmo destino dentro do metabolismo. Assim, temos que ter em mente que antes da energia gerada pelo alimento consumido, seja lá qual for, precisamos entender a qualidade do que foi ingerido bem como a interação em cada organismo, resultando em processos metabólicos complexos. Logo, não podemos aplicar certos conceitos de modo simplificado no que diz respeito ao organismo humano, pois, com certeza, iremos nos deparar com grandes enganos, principalmente no processo de emagrecimento ou de ganho de peso corporal.

Dessa forma, pode-se culpar o comportamento sedentário pelo surgimento da obesidade mundial? Pode-se culpar o aumento do poder aquisitivo, surgimento de tecnologias para nosso estado sedentário, visto que não precisaríamos gastar tanta energia? Seguindo essa lógica, quanto maior for o acesso a recursos financeiros, maior será a probabilidade em desenvolver obesidade. Por outro lado, sabemos que a obesidade está mais associada à pobreza do que à riqueza, pois o acesso a alimentos de menor qualidade e, certamente, maior aporte calórico, é mais acessível à população de menor renda. Adicionalmente, não se descarta a obesidade em indivíduos em situação de maior renda. A obesidade pode se instalar em todas as camadas sociais. Curiosamente, há maior prevalência de obesos em indivíduos pobres.

Como foi classificada como doença pela Organização Mundial de Saúde (OMS), a obesidade tem sido utilizada como fator de risco para outras comorbidades. Assim, utiliza-se o índice de massa corporal (IMC) para classificação de obesos (*peso corporal / estatura2*). Embora uma série de críticas tenha sido lançada ao IMC, ele continua sendo uma ferramenta viável a nível populacional. Obviamente, não interessa o IMC de atletas, como um fisiculturista. Utiliza-se o percentual de gordura e a estimativa de massa magra, mas, infelizmente, não é possível em nível epidemiológico (ainda). Por isso, variáveis como idade, etnia e sexo podem sofrer variações. O IMC não faz distinção entre os diferentes componentes corporais e é preciso cautela tanto na aplicação quanto na interpretação dos resultados. Contudo, de modo geral, elevados valores de IMC são relacionados com elevada gordura corporal, doenças cardiometabólicas e elevados índices de mortalidade.

Valores > 25 kg/m$^2$ de IMC são classificados como excesso de peso e considerados como pré-obesos até 29,9 kg/m$^2$. A obesidade *per se* é considerada quando o IMC se encontra entre 30 e 34,9 kg/m$^2$, ou obesidade classe I, com risco moderado de comorbidades. Por conseguinte, valores acima de 35 até 39,9 kg/m$^2$ obesidade classe II e, por fim, > 40 kg/m$^2$ de obesidade classe III. Foi mostrado que valores acima de 30 kg/m$^2$ podem reduzir em até cinco anos a expectativa de vida. A OMS também recomenda a utilização de outro método simples, a circunferência de cintura, que pode ser considerada como preditor de risco de doenças do coração.

Ainda falando sobre IMC, em 2001, foi publicado um artigo científico muito interessante em um importante jornal sobre obesidade (*International Journal of Obesity*), o qual revisou as modelos da revista Playboy® dos anos de 1978 até 1998, principalmente utilizando o IMC. Curiosamente, o perfil de IMC das modelos desde 1978 até 1998 foi o mesmo, apresentando uma média de 18,1 kg/m² (mín. de 15, máx. de 20.5 kg/m²). Existe desde sempre uma idealização do corpo feminino, o que, por sua vez, provoca a expansão das dietas e também de transtornos alimentares, pois nesse estudo foi discutido e apresentado o dado de que cerca de 40% das meninas dos EUA entre nove e 10 anos de idade estavam tentando por algum motivo perder peso. Além disso, outra pesquisa verificou que metade das meninas entre 12 a 16 anos que se consideravam acima do peso corporal ideal, apresentavam peso normal, utilizando o IMC como padrão de referência.

Infelizmente grande parte do público feminino ainda acredita em imagens de corpos perfeitos que são veiculados nos meios de comunicação; hoje, principalmente, as redes sociais servem como forma de descontentamento. Cerca de 69% de meninas em idade escolar relatam que revistas influenciam a ideia de um corpo perfeito e 47% informaram que gostariam de perder peso por conta dessas imagens. A partir dessas informações, imagine hoje com as redes sociais?

Entretanto, embora com o conceito idealizado de beleza, as modelos da Playboy não apresentavam baixo peso, e a percepção do baixo peso corporal como ideal é a maior preocupação das mulheres. Por fim, o perfil corporal (IMC) se manteve ao longo dos anos investigados, enquanto o IMC da população aumentou significativamente, o que impacta a imagem corporal entre as mulheres jovens, tornando um importante tema para a saúde pública, explicando, de certa forma, uma gritante procura por um corpo ideal com base em estratégias pouco inteligentes de redução de peso corporal.

# CONSIDERAÇÕES SOBRE EXERCÍCIO FÍSICO E MÍDIAS SOCIAIS

Em relação ao emagrecimento, parece haver um consenso mundial: a prática do exercício físico. Há muitas obras sobre o tema. Entretanto cabe a mim, como professor e pesquisador da área, alguns esclarecimentos e ponderações para a sua reflexão.

Os órgãos que regulam a saúde sempre indicam que tanto a prevenção quanto o tratamento da obesidade é eficaz por meio de exercícios físicos e redução da ingesta calórica. Políticas públicas de saúde no Brasil têm dado grande importância a isso, sendo que em 2018, o Ministério da Saúde lançou uma chamada pública para sugestões da sociedade para a criação de um protocolo clínico e diretriz terapêutica de sobrepeso e obesidade, os quais serão fornecidos gratuitamente pelo Sistema Único de Saúde (SUS). Parece ser um importante passo dado pelo governo federal, no intuito de refletir melhores propostas para combater a obesidade. Isso é muito bom, embora devesse ter acontecido antes; enfim, está acontecendo. Por outro lado, sabemos que estratégias de redução calórica muito drásticas não têm apresentado bons resultados em longo prazo, o que, além de não manter aderência, pode provocar o efeito rebote.

Algumas evidências utilizando grandes grupos populacionais não relataram sucesso quando submetiam indivíduos obesos a dietas hipocalóricas (entre 750 kcal a 1.500 kcal). Restrição calórica muito radical pode promover redução de peso em um curto prazo, contudo se torna inviável a manutenção no longo prazo. O processo de redução de gordura corporal deve ser gradativo, lento e contínuo, a fim de se preservar os resultados pelo maior tempo possível. Por fim, poucos são os estudos brasileiros em níveis epidemiológicos que utilizam dietas e/ou exercício em populações obesas em longo prazo. A certeza é que a população brasileira está, cada ano que passa, mais gorda.

Todas as autoridades governamentais, pesquisadores de renome internacional, médicos especializados e demais indivíduos de notável importância sugerem a alimentação e a prática de exercício como ponto fundamental para tratar o excesso de peso corporal. Praticamente, todas as obras literárias técnicas sobre o assunto farão essa recomendação. Pergunto novamente: por que não tem funcionado de forma efetiva? Inibidores de apetite, fármacos de ação central e demais medicamentos seriam o caminho? Certamente não, mas a busca por uma solução rápida para um problema crônico tem sido feita por boa parte da população. Outro ponto importante que deve ser levado em consideração, não tão antigo, mas cada vez mais em evidência, é a idealização estética de corpos em "forma", que cada vez mais tem ficado em evidência em canais das redes sociais por meio de perfis de modelos, blogueiros e influenciadores digitais, reduzindo o problema em algumas postagens a força de vontade e venda de produtos desnecessários.

Uma coisa é certa: a redução de peso corporal ocorre com um déficit calórico adequado, nem muito e nem pouco. Como saber? Primeiramente com um bom nutricionista e, depois, um professor de Educação Física. Parece clichê, mas é um processo interdisciplinar. Se ainda restarem dúvidas ou algumas complicações, um médico especialista e de confiança. Claro que, em certas condições, o médico deverá intervir com medicamentos e/ou até mesmo processos cirúrgicos para reverter a obesidade, evitando maiores complicações. Além dessas especialidades, muitos casos podem ser trabalhados com os nossos amigos da Psicologia. Enfim, temos muitos bons profissionais para atuarem de forma integrada e conjunta.

Você, sem dúvida, segue, na sua rede social, algum *personal trainer* famosinho, uma musa *fitness*, algum brasileiro com a barriga tanquinho que mora nos EUA, e demais caricatos da *internet*, incluindo pesquisadores da área que adoram polêmica e abrem uma caçada contra aquilo que eles mesmos produzem: polêmicas e terrorismo no mundo do exercício físico e alimentação. No Brasil, reconhecemos como área e a denominamos: Educação Física.

Pois bem, é comum, quando você segue esse tipo de indivíduo, ver postagens sobre melhores exercícios para emagrecer, para hipertrofiar, para "secar", para definir regiões específicas do corpo etc. É comum também eles escrevem textos difíceis, cheios de referências científicas, mostrando grandes resultados naquilo que ele objetivou no conteúdo postado. Concorda? Mas também já percebeu que sempre tem um link para comprar o livro ou *e-book*, cursos on-line e palestras desses indivíduos? Pois somente se você comprar você encontrará a verdade absoluta, o *El Dourado* do corpo perfeito. Perceba que todo final de semana há um curso, palestra, simpósio, colóquio ou presepada qualquer, e que cada vez mais os preços estão mais elevados.

Você ou seu amigo da área, seu professor da academia, talvez não precisem disso, mas, infelizmente, estão todos reféns de uma verdade, enviesados, e acham que só existe um caminho. Novamente aquela história do guru. Escolhemos o ponto de vista de alguém que mais nos agrada e começamos a remar o barco para eles. Perceba, todos eles são inteligentes e não estou falando para você boicotar esses eventos, mas para refletir se, de fato, são necessários. Quantos livros técnicos da área você tem e leu? Quantos artigos científicos tem lido? Por que não investir em sua formação acadêmica, fazendo um bom curso de pós-graduação? Estudar é mais difícil do que acreditar em algo já pronto. Não estude por postagens de mídias sociais, não reduza a informação. Questione, desconfie, tire suas dúvidas com profissionais.

Existe muita gente boa e disseminando de forma muito educada e correta na *internet*; isso é ótimo. Infelizmente não posso citar nomes aqui, mas confie, existe gente muito boa, mas provavelmente você pode não conseguir distinguir isso. Por outro lado, o número daqueles que se aproveitam do terror da ciência, reduzindo a área em alguns cursos ou postagens polêmicas, é maior. Eles prestam um desserviço à comunidade em troca de muito dinheiro recebido nesses cursos rápidos de finais de semana. Paradoxalmente, nesse meio dos polêmicos vendedores de cursos há muita gente boa. Sim, são ótimos profissionais, mas descobriram um nicho de melhorar suas receitas. Por fim, cada um usa a estratégia de *marketing* que achar melhor.

Não estou culpando os profissionais em venderem cursos todos os finais de semana. É o trabalho deles. Aliás, alguns até estão investindo muito mais em imagem pessoal, oratória, retórica, presença de palco, captação de clientes, do que no conhecimento propriamente dito. Ainda mais, há aqueles criando os seus próprios métodos e vendendo cursos de diferentes níveis, como se fosse uma formação continuada. As pessoas adoram, viram fãs, compram, consomem exageradamente a "pessoa", que agora se tornou um produto. As mídias sociais nunca foram tão rentáveis para alguns desses profissionais. Saiba filtrar, saiba consumir!

A reflexão aqui é sobre quem os consome, pois, possivelmente, não sabe consumir a informação adquirida nos cursos, pois normalmente são boas informações (algumas vezes não são). Vivemos uma era com muita informação, mas não sabemos o que fazer com esse alto volume, não temos ainda um filtro. Precisamos.

Então, dentre esses, destacam-se cursos de exercício para o emagrecimento. Colocam vários artigos, diferentes grupos de pesquisas, desenhos experimentais complexos e começam a mostrar evidências sobre um protocolo da moda. Por exemplo, para emagrecimento seria melhor fazer exercício de força (musculação) ou corrida? Cuidado, há gente por aí que diz que o exercício aeróbio, como a corrida, engorda. Se tiver dúvidas, veja o perfil corporal dos maratonistas. Enfim, esses que demonizam o exercício aeróbio contínuo, fazem-no por um único motivo: eles vendem sobre o exercício de força, então precisam polemizar para conseguirem mais audiência em seu objetivo. Imagine um obeso, determinado a perder peso, deparando-se com profissionais que ainda não conseguem debater de forma crítica aquilo que seria mais importante, o aluno.

Indivíduos obesos apresentam comprometimento no desenho físico, pois quanto maior sua massa corporal, maior será a energia necessária, logo, os obesos apresentam maior esforço para tarefas corriqueiras, cansando mais rápido. Assim, como não apresentam bom condicionamento físico, possuem capacidade funcional reduzida e, consequentemente, são limitados ao processo de redução de peso corporal, uma vez que se apresentam inativos na maior parte do tempo. Em parte dos obesos, há um consumo calórico muito exacerbado e níveis inexistentes ou insatisfatórios de atividade física. Mas já comentamos que a equação é mais complexa. Assim, é de suma importância que o controle da composição corporal seja realizado e o exercício físico pode ser uma importante ferramenta nesse processo.

Em geral, o exercício físico pode ser compreendido como um estressor fisiológico, provocando a quebra da homeostasia do nosso organismo. Assim, os mecanismos compensatórios regulam o organismo para reestabelecer o equilíbrio dinâmico. Quando esse estresse apresenta um padrão de repetição, a estrutura metabólica é redimensionada e entendemos esse processo como adaptação fisiológica ao exercício físico, um processo intrínseco.

A forma como nosso corpo responde ao exercício dependerá da intensidade do estímulo provocado; por exemplo, o tecido cardíaco, que apresenta melhora na função cardiovascular, aumentando a capacidade e o funcionamento. Assim, o exercício físico pode ser importante na prevenção e atenuação de fatores associados a doenças cardiovasculares. Ainda, o exercício físico apresenta inúmeros benefícios de maneira geral, é inegável seu papel na promoção da saúde, como redução do peso corporal, redução de processos inflamatórios, melhora no controle glicêmico e lipídico, melhora psicossocial e até mesmo melhoras em quadros de depressão.

Contudo, quando o assunto é a intensidade-duração, parece ainda não haver consenso na literatura. Também não sabemos, de fato, sobre a quantidade mínima para obter os benefícios dessa prática. Entretanto, a intensidade do exercício possui comportamento inversamente proporcional aos riscos de mortalidade. Assim, uma prescrição fundamentada do exercício físico pode ser fundamental para obesos, hipertensos, diabéticos, dentre outras patologias que possam se beneficiar dos efeitos não farmacológicos agudos e crônicos do exercício.

Assim, sabemos que o exercício físico, bem como a alimentação, exerce uma parte fundamental no controle do peso corporal. A partir disso, boa parte das pessoas com sobrepeso ou com objetivos estéticos acabam aderindo a programas de exercício físico, em academias, parques, clubes e demais locais destinados a tal prática. O exercício aumenta a taxa metabólica de repouso, melhora o conteúdo de massa magra e aumenta o gasto energético. Logo, o corpo se apresenta muito mais eficiente na utilização de energia proveniente das calorias consumidas. Se estiver realizando de modo correto e bem instruído, haverá mudanças, às vezes não na velocidade em que gostaríamos, mas elas surgirão. Pode confiar!

Uma sessão aguda de exercício pode não provocar um gasto de gordura significante. Por outro lado, o treinamento pode promover um grande resultado. Supondo que cada sessão resulte em um déficit de 300 kcal, sendo realizada três vezes na semana, poderia alcançar uma redução de aproximadamente entre seis e 11 quilos por ano, mantendo a mesma ingesta de calorias. Ou seja, a prática do exercício incorporada à vida de um indivíduo pode ser uma boa estratégia para o controle do peso corporal, ao contrário de dietas passageiras que, normalmente, têm perda de líquido, massa magra e gordura, e de forma transitória. Além disso, há evidências de que o exercício pode ser algo prazeroso para quem o vivencia. Assim, procure uma modalidade que lhe proporcione prazer, que você goste de fazer e se sinta confortável no ambiente. Muitas barreiras podem impedir a prática de exercício para boa parte de indivíduos obesos. Para alguns parece besteira, mas não são e devem ser identificadas e levadas a sério pelo profissional.

Por dedução, parece ser interessante aliar o exercício com alimentação para ter melhores resultados na redução do peso de gordura excessiva. Mas como já mencionado anteriormente, muitas vezes a restrição calórica pode não ser tão eficiente em longo prazo. O programa eficiente deve ser considerado por um longo prazo, vez que, dentre os diversos benefícios citados, ele também pode exercer uma resposta térmica ao alimento, aumentando a eficiência no processo digestório e o gasto energético em repouso. Consulte um bom nutricionista para adequar sua alimentação aos seus hábitos e necessidades, sem exageros e sem guerra contra os alimentos, principalmente os naturais. Dormir bem também faz toda diferença nesse processo. Realizar uma higiene de sono, ambientes mais calmos, silenciosos, evitar o celular antes de dormir são dicas que podem melhorar a qualidade do período de descanso noturno. Durma.

Algumas evidências mostram que o exercício de alta intensidade pode aumentar a taxa metabólica de pessoas obesas, enquanto os de baixa intensidade não apresentam a mesma resposta. Vale lembrar que os efeitos metabólicos do exercício diminuem e até podem cessar com a interrupção do treinamento. De toda forma, nem todos os indivíduos apresentam boa aceitação ao exercício de alta intensidade. Lembre-se: muitos fatores estão associados ao processo de redução de peso corporal. Além disso, o exercício tanto de alta quanto de baixa intensidade pode ser importante em diferentes aspectos. Por isso, na área do treinamento esportivo pode-se destacar a periodização, termo pouco levado em consideração pelos "treinadores" atuais.

Outra ferramenta que pode ser muito interessante é a musculação, pois se destacam, dentre seus benefícios, o aumento da massa magra e a melhora nos níveis de força. Ressalto que a massa magra é determinante na taxa metabólica de repouso. Mas o que seria essa taxa metabólica? A taxa metabólica de repouso pode ser considerada como a taxa mínima de energia consumida para manutenção das atribuições fisiológicas do organismo quando em repouso.

A priori, a pessoa que deseja iniciar na prática do exercício deve ser bem avaliada por um médico, principalmente populações especiais, como obesos. No início, todo estímulo provocado em uma pessoa em condição de sobrepeso ou obesidade será válido, mas independente da linha de pensamento aplicada ao aluno obeso, uma coisa deve ser sempre levada em consideração: a segurança.

Não espere que eu vá receitar a fórmula mágica do emagrecimento por meio do exercício físico, ou qual tipo de exercício fazer para emagrecer mais, pois não há. Depende! Tudo depende. Avaliação física, histórico familiar, lesões, doenças, uso de fármacos controlados e demais itens de segurança são imprescindíveis para o monitoramento do indivíduo.

Há quem vá dizer que para emagrecer é fundamental o treinamento de força (musculação), outros vão dizer que são os exercícios na água, outros, corrida na rua. Alguns vão preferir as aulas coletivas e tem gente que vai emagrecer dançando. O que quero dizer com isso é que se um obeso for engajado em um processo de exercício físico em que ele não se identifique, não goste, provavelmente ele não terá a aderência necessária para o sucesso do programa. Lembre-se que o processo de emagrecimento é multifatorial, e não podemos, de forma alguma, colocar todo o peso desse processo no exercício físico. Exercício, bem como a alimentação, é um processo de hábito. Procure um profissional formado em Educação Física. Ele estudou no mínimo quatro anos para se formar. Então, teoricamente, ele deverá aplicar o conhecimento nessas situações. Muitas vezes, necessitamos do auxílio de demais áreas da saúde, como a Psicologia e a Medicina, para o auxílio no processo interdisciplinar no tratamento da obesidade. É um assunto sério, não podemos reduzi-lo em um protocolo de exercício. Nem todos respondem da mesma maneira.

Especula-se que exercícios intervalados de alta intensidade, os famosos protocolos de HIIT, são muito interessantes para o aumento no gasto calórico. Sabemos que o segredo na musculação se encontra no volume de treinamento. Sabemos muita coisa sobre o exercício físico. A ciência nessa área evoluiu muito. Sabemos protocolos, tempo de descanso, métodos para hipertrofia etc. Entretanto são muitas variáveis e seu professor precisa saber como lidar com elas. Mas não importa sabermos o que gasta mais caloria se não tivermos a participação efetiva do sujeito na prática. Sabemos tanto sobre os benefícios do exercício físico, as pessoas sabem que exercício faz bem, mas por que, então, cada vez mais, estamos mais sedentários? Há aqui um paradoxo. O volume de evidências científicas sobre o exercício físico aumenta bem como aumenta o número de obesos!

Eu sempre fui questionador, e quando eu estava no mestrado, no último ano, cursei uma disciplina de Atividade Física e Saúde. Havia muitos alunos, de diferentes regiões do Brasil, diferentes formações, mas todos tinham uma convicção: exercício faz bem a saúde. Então, como eu sempre fui questionador, resolvi seguir a carreira da pesquisa e questionei a turma: se exercício fosse bom, metade da população brasileira não estaria com sobrepeso e não estaríamos tão sedentários.

A professora brigou comigo. Eu continuei, desorganizei a aula da querida professora e ela me chamou de advogado do diabo. Eu respondi que eu era o próprio e não precisava de um advogado. Eles não conseguiam me responder. A professora, no ano seguinte, organizou um evento chamado: "Se exercício é bom, por que não fazemos?". De nada, professora. Veja, não podemos ver o exercício apenas no quesito fisiológico. Há muito mais a ser investigado e entendido. Estamos no caminho certo. Ah, a professora era obesa e sedentária, mas defendia que o exercício fazia bem. Ela começou a fazer exercício, parou e engordou mais...

O exercício físico, planejado, periodizado, bem orientado, tem sido considerado como um importante meio de prevenção de diferentes doenças de natureza crônica e deveria ser realizado por boa parte dos indivíduos. Mas a prática de exercício físico, de fato, auxilia na redução do peso corporal? Um indivíduo com menor escolaridade e, consequentemente, menor renda, normalmente ocupa cargos mais laboriosos, que exigem esforço físico em suas atividades. Esse indivíduo, que normalmente trabalha de oito a doze horas diárias com esforço físico, precisaria realizar atividade física para manter seus níveis de saúde? Provavelmente, não.

Para piorar, ou aprimorar nossa reflexão, recomenda-se que cada indivíduo faça cerca de 30 minutos de atividade física, cinco vezes na semana, para manter e promover níveis adequados de saúde. Essas recomendações são claramente observadas pelo Colégio Americano de Medicina do Esporte (ACSM, sigla em inglês), pela Associação Americana do Coração (AHA, sigla em inglês) e pela OMS. Entretanto, evidentemente, essas recomendações não nos ajudam a perder peso, pelo contrário, como já relatado pelas autoridades em saúde, essas recomendações evitariam um ganho ainda maior de peso corporal.

Outras recomendações podem ser observadas, como exercitar-se de 1 hora ou até 2 horas por dia para um efeito benéfico no peso corporal. Obviamente, é difícil imaginar um obeso se exercitando 1 hora todos os dias. Além do fator tempo, disposição, risco de lesões, o baixo corpo de evidências sobre os efeitos do exercício nessa população não nos ajuda no entendimento do processo. Assim, novas evidências mostram que as recomendações não são suficientes para o que as pessoas precisam ou realizam. Existem muitas barreiras relatadas pelas pessoas no processo da atividade física. Além disso, para muitos indivíduos obesos o exercício é algo desconfortável e desprazeroso, que se relaciona com alguma experiência traumatizante do passado. A chave do controle do peso corporal não é somente o exercício físico.

As pessoas precisam experimentar, realizar, repetir, gostar, internalizar e, por fim, ele irá continuar. O hábito da prática regular de exercício não ocorre do dia para a noite, leva um tempo. Por isso é importante ter esse hábito desde cedo. Veja que a obesidade infantil já é realidade. Repito: é preciso ter paciência em um mundo cada vez mais rápido.

# REFÉNS DA ALIMENTAÇÃO

Após entendermos que estamos vivendo num mundo cada vez mais complicado, também podemos observar essas dificuldades no ato de se alimentar. Nunca foi tão difícil comer. Não que falte alimentos, pelo contrário, nunca tivemos tantos produtos disponíveis e ficamos até sem saber o que e o quanto comer, vide restaurantes *self-service*, que colocam aqueles pratos grandes, você coloca um pouquinho de cada e, no final, encheu o prato desnecessariamente! Tudo bem, pelo menos você está comendo comida. Parece simples, mas não é. Lembre-se de quando foi a última vez que você tomou um suco natural de cajá. Aliás, você já comeu cajá, tamarindo, seriguela?

O Brasil é agraciado por tanta variedade de frutas que rendem sucos maravilhosos. Outros exemplos de sucos são de graviola, cupuaçu e manga. Óbvio que existem outros vários sucos excelentes, contudo o processo de industrialização tomou conta. Hoje temos sucos de caixinha de todos os sabores, mas, infelizmente, nem podem ser chamados de suco, devido à falta deste nesses produtos de açúcar líquido aromatizados por meio de corantes. Além da quantidade excessiva de conservantes, açúcares e demais produtos industrializados, possuem uma quantidade mínima do suco da fruta, isso quando a utilizam. Claro que é mais prático, vem pronto, embalado e, muitas vezes, compramos até gelado. Difícil competir, certo?

É o famoso comodismo, falta de tempo e demais desculpas que damos para nós mesmos e que normalmente nos confortam. Mas, infelizmente, muito perigoso em longo prazo quando comparado ao suco natural da fruta feito na hora. É um preço que será cobrado em algum momento.

Hoje, podemos encontrar todo tipo de alimento dentro de uma lata de alumínio, plástico ou caixa de papelão. Qualquer alimento. Tem até comida pronta, bastando esquentar, não precisa nem descongelar. A praticidade é tudo nos dias de hoje. Possuem preços acessíveis e grande apelo das propagandas. Não tem como, você vai comprar, você vai consumir, faz parte.

Não, você não precisa se preocupar com isso. Avançamos tecnologicamente para isso, os produtos duram mais e não são mais tão perecíveis. Você não precisa fazer sua própria massa de macarrão ou sua farinha de trigo para um bolo. Você pode comprar a massa de macarrão, de todos os tipos possíveis, e isso é ótimo. Mas, por outro lado, seu macarrão ficaria muito mais saboroso e saudável se o molho fosse caseiro e fresco. Tomates são baratos e um molho não leva mais do que cinco minutos em fogo alto, com azeite, um maço de manjericão e sal. Pode colocar cebola se quiser. Adicione o alho que, por sinal, é anti-inflamatório e pode proteger o seu coração. Mas não me compre aqueles molhos de lata, por favor! Até nos molhos eles usam açúcar e demais aditivos. Use o processo industrial a seu favor, não contra. Experimente fazer sucos e sua própria comida, claro, quando puder. Isso é um grande passo para a manutenção de uma boa qualidade de vida e, principalmente, controle do peso corporal, sem perder, é claro, o prazer de um bom alimento.

Entretanto, como saber o que comprar ou como comprar os alimentos? No mundo todo, as pessoas recorrem aos mercados, supermercados e hipermercados. É mais fácil, tem todo tipo de produto, variedade de preço e você resolve tudo em um período do dia. Se quiser pode até comprar pela internet que suas compram chegam em sua casa no horário desejado, para o seu maior conforto. Contudo, perceba que consumimos aquilo que está disponível para a venda; parece meio evidente, mas não é! Normalmente consumimos aquilo que é mais rentável para o lojista. Comece a perceber sobre isso. O que realmente você compra por necessidade? Sabe escolher os melhores produtos?

Pouco daquilo que consumimos vem direto dos produtores. As grandes redes de supermercados ao redor do mundo são controladas por poucas pessoas. Podemos dizer que nossa alimentação depende do que eles querem nos vender. Há quanto tempo você não compra alimentos para sua residência direto de produtores ou até mesmo do pequeno produtor? Você já percebeu que seu supermercado favorito possui uma própria linha de produtos dos mais diversos setores? Possui o cartão personalizado da loja? Poderá dividir o valor da compra em várias vezes mediante uma pequena taxa de juros? Essas facilidades o fidelizam e você se acostuma com aquilo que já lhe é comum e cotidiano. Aposto que você sabe exatamente onde fica a maioria dos produtos no seu supermercado favorito.

Claro que essa reflexão não cabe apenas aos supermercados, mas também a mercados e outras "boutiques" que vendem tudo que não precisamos por um preço que, muitas vezes, não podemos pagar. Cuidado, nossa alimentação é de grande importância e não temos dado a devida importância para ela. Até mesmo quando damos importância e resolvemos mudar alguns hábitos, acabamos por cair em algumas ciladas, como comprar muitos produtos ditos "naturais" e que, por vezes, acabam vencendo o prazo de validade. Há uma força que parece nos impedir de nos alimentarmos bem. O que seria?

O ponto de partida é que temos que nos alimentar. Não tem jeito. Partindo dessa premissa, o processo de industrialização, a oferta de alimentos, o acesso a produtos de todos os tipos, as ações de *marketing* e os aspectos neuroeconômicos acabam por nos forçar a criar e manter hábitos sobre nossa alimentação. Seja um café após o almoço, seja comer nosso chocolate preferido, seja comer cereais açucarados toda manhã, seja o consumo habitual de *fast food* devido à correria do dia, enfim, vários são os motivos que nos levam a uma prisão alimentar. Não conseguimos saber o que devemos comer, mas comemos assim mesmo. Algumas pessoas até cortaram as farinhas e açúcares, e os substituem por outras opções que, muitas vezes, nem são tão saudáveis assim e, se o são, custam "os olhos da cara", como dizem por aí. A recomendação aqui é clara: ter informação clara e correta sobre os alimentos. Não existe alimento bom ou mau. Não é porque é vendido em uma loja natural que vai lhe proporcionar saúde. Utilize a internet a seu favor, pesquise antes. Na dúvida, procure um bom profissional para auxiliá-lo.

Se há uma coisa que boa parte da população mundial consome é a tal da pizza. Ela está em todos os lugares e todos os sabores. Particularmente, a brasileira tem seu destaque pela diversidade de sabores e também pelos abusos nos cardápios: o brasileiro faz pizza de sushi, estrogonofe e cachorro-quente. Não dá para competir, somos os mais criativos e empreendedores. Além disso, as pizzas podem ser encontradas por uma infinidade de diferenças de preços, que vão de R$ 7,00 até R$ 70,00, dependendo do local de venda e sabor. É um alimento democrático, de fácil acesso e normalmente associado a momentos de confraternização, resolução rápida para fome etc.

Mas o que falar sobre esse alimento, que sempre marcou nossos encontros sociais ou até mesmo momentos solitários junto a uma série de TV? A qualidade do produto final e seus ingredientes. Muitas pizzarias reduzem os custos para manter boa margem de lucros e isso, obviamente, vai refletir na qualidade daquilo que se vende. Pizza é um ótimo alimento, pode ser montada às necessidades do consumidor, desde os carboidratos, gorduras, vegetais, temperos, embutidos, proteínas etc. Entretanto a qualidade deve ser levada em consideração, pois o problema em si não será a pizza, mas aquilo que compõe os ingredientes dela. Às vezes o barato pode sair caro. Mas também não precisa gastar um caminhão de dinheiro em uma simples pizza. Dê preferência àquelas que utilizam boa farinha na obtenção da massa, fermentação natural, ingredientes de melhor qualidade, molho de tomate fresco, se possível, caseiro. Seguramente, você possui anotado em algum lugar da sua casa um disk-pizza. Aposto também que a cada semana recebe um folheto de cardápio de uma nova pizzaria nas redondezas. E antes que eu me esqueça, continue comendo pizza!

Perceba como ficamos reféns de alimentos no nosso cotidiano. Se você vai ao *shopping*, embora exista uma grande variedade de estabelecimentos, você sempre acaba escolhendo o de sempre. Indivíduos que possuem pouco tempo de almoço, pois trabalham com produtividade, acabam optando por alimentos mais calóricos, saborosos, pouco nutritivos e, na maioria das vezes, recompensadores. A resposta é sempre a mesma: falta de tempo.

Não que não se pense em comer melhor, mas ou é absurdamente mais caro ou não é atrativo. Infelizmente associaram a alimentação saudável com comida sem sabor ou sem graça. Depois que demonizaram o arroz com feijão, tudo ficou mais difícil. Claro que não estamos generalizando as pessoas, mas é o que tem ocorrido tanto no Brasil quanto nos demais países do mundo. Nunca estivemos tão doentes e, talvez, o pilar disso tudo é nossa alimentação.

Não vou negar, eu adoro um *fast food,* adoro uma batata frita acompanhando um sanduíche gorduroso, cheio de bacon com um refrigerante gigante. Mas há opções. Eu continuo comendo meu hambúrguer, batatas e refrigerante, mas com exceção do refrigerante eu não tenho frequentado mais essas grandes redes de *fast food,* pois, no final, quando você se dá conta, os "lanches" não são tão saborosos quanto achávamos.

Você já deve ter ouvido falar do documentário "Super Size Me", que demonstrou as consequências de uma alimentação em *fast food,* como aumento nos níveis de colesterol, aumento do peso corporal, aumento da gordura visceral, entre outras. Curiosamente, o problema não é o consumo nessas lojas – eventualmente é normal, como já falado, não tem como fugir. O grande problema é que sempre queremos ir/voltar nesses lugares, parece que por algum motivo, as pessoas acabam se "viciando" nesse tipo de alimentação, as denominadas *junk food.*

Será que essa alimentação *junk food* seria tão prejudicial quanto o uso do tabaco? Será que seriam capazes de estampar um aviso nas caixas em que entregam esses alimentos: "Este alimento pode prejudicar sua saúde". Acho pouco provável. Além de ser uma política pública de saúde, sabemos que muitos interesses estão envolvidos por trás disso, portanto, nossa saúde (ainda) não é tão levada a sério assim pelas autoridades quando o assunto é alimentação. Tomara que isso mude!

Ao salientarmos que o *junk food* pode não apresentar bons níveis de qualidade, isso não exime outros produtos industrializados fora do ramo, pois conforme a industrialização se instalou, qualquer alimento pode ser facilmente alterado em sua função, cor, sabor e aparência, utilizando de artifícios de corantes, açúcares, produtos sintéticos e demais componentes vistos na indústria alimentícia, que deixam o produto mais atraente ou até mesmo com o sabor realçado ou alterado. Entretanto a maioria desses aditivos utilizados pela indústria é permitida pela maioria dos governos. Mas qual seria o impacto na saúde humana?

Uma pesquisa realizada no Reino Unido verificou que o uso de aditivos artificiais estava associado ao desenvolvimento de hiperatividade em crianças. A solução era simples: modificar o uso de produtos artificiais por naturais. Simples e óbvio. Entretanto a indústria não utiliza o natural devido aos elevados custos. Lembre-se: a indústria quer fazer o máximo gastando o mínimo. Se produtos naturais são caros para a indústria, imagine para nós, simples consumidores.

De onde surgem as doenças crônicas? Essa pergunta normalmente é respondida como algo de ordem multifatorial. Mas uma doença crônica, como o nome mesmo diz, não surge de um dia para o outro; leva um tempo, anos e até décadas, e algo tem sido comum a esse processo nos últimos 100 anos: a nossa alimentação. Algo aconteceu e ainda não conseguimos entender Para onde estamos caminhando? Perceberam que a cada ano que passa há um enorme aumento nos valores dos planos de saúde privada?

Não é a intenção criar um alarde nem sensacionalismo neste livro, até porque você irá continuar com seus hábitos de sempre. Talvez mude alguma coisa, mas não pelo livro, pelas circunstâncias de vida. Queremos comer bem e acabamos por comer mal. É mais um paradoxo desse processo de alimentos. No mesmo local em que nos vendem alimentos extremamente calóricos e saborosos, vendem-nos também alguma versão *light*. Eu não ligo muito para calorias, mas tenho me preocupado com o uso de pesticidas, adoçantes e demais químicos que, se somados ao longo dos anos, certamente poderá nos levar ao desenvolvimento de alguma complicação. Isso, sim, tem gerado uma enorme preocupação em uma parcela da sociedade. Não sabemos o que estão colocando nos alimentos. Isso é sério e perigoso. A maior indústria farmacêutica é dona da maior indústria de pesticidas!

Somos tão reféns de nossa alimentação que morremos por causa dela. Inúmeras pesquisas em grandes países mostram que cerca de 40% das causas de morte são provocadas por doenças crônicas com associação à dieta ocidental. Destaca-se a obesidade, diabetes tipo 2, câncer e doenças cardiovasculares, também conhecidas como doenças ocidentais. Os males que a má alimentação pode provocar, mesmo que indiretamente, são maiores do que aqueles provocados pelo uso do tabaco, de forma isolada. E não se engane que esse tipo de doença afete apenas os mais afortunados, no sentido de que quanto mais poder aquisitivo, mais chances de desenvolver tais doenças. Pessoas de baixa-renda compram produtos mais baratos e, obviamente, menos nutritivos, aumentando os índices dessas doenças, muitas vezes em maior grau quando comparado aos mais ricos. A crise financeira em que vivemos também afeta e muito nossa alimentação. Parte da população começa a escolher produtos que podem entrar no orçamento, ou seja, os mais baratos, logo, estão comendo pior, provavelmente. Você já deve ter escutado por aí: "O que é bom custa caro".

Nosso estado de refém não acaba por aí. Ainda há certa tortura por parte do mundo da alimentação e aqueles que nos fornecem uma péssima alimentação são os mesmos que nos vendem a solução milagrosa do alimento saudável. É como se um médico vendesse cigarros aos pacientes dentro de seu consultório. Ou seja, o problema e a solução na mesma pessoa. Eles também os chamam de alimentos milagrosos e já comentamos a respeito disso no início do livro. Prometem diversas coisas, bem-estar, redução do peso, diminuição de gordura corporal, melhora da diabetes etc. Prometem o mesmo sabor do produto *"junk food"*, mas em uma versão saudável. Que contradição! Sabe do pior? Compramos!

As grandes marcas estão em nossas vidas há muito tempo, já estão enraizadas em nossas casas, famílias e gerações anteriores. É difícil ir contra isso tudo, há uma pressão enorme pelo consumo desses alimentos, um ambiente obesogênico. Além da nossa natural tendência ao ganho de peso corporal, nossa alimentação acelera esse processo, e parece que estamos em alta velocidade.

Precisamos nos desvencilhar desses grilhões antes que seja tarde. Aliás, já é tarde para boa parte da população. Mas precisamos ao menos tentar. Comer comida de verdade parece ser um ponto interessante, mas nada é tão simples, como pudemos observar. Tudo que consumimos parece com comida e até chamamos de comida, mas, na verdade, não o são. Eu sempre critiquei esses produtos de linha *fit, diet, light, vegan, health* etc., pois, para mim, se um produto precisa estampar em seu rótulo que ele é saudável, ele seguramente não é. Primeiro, se está embalado e com rótulo, já não é natural, e o processo de industrialização o dominou, logo, não podemos considerá-lo comida natural. Então aqui parto do princípio: é comida, é saudável. Já chegou ao cúmulo de eu entrar numa loja de produtos "naturais" e me oferecerem batata doce em pó! No Brasil, o quilo da batata doce não passa de R$ 3,00. Faça-me o favor! O pior é que tem gente para comprar essas porcarias.

Aqui vale um lembrete: comer frutas e vegetais é muito bom. Compre de pequenos produtores. Deve existir algum perto de sua casa. Faz bem para sua saúde, você colabora com o pequeno agricultor e ainda economiza dinheiro. Os rótulos de sucos de caixinha têm a audácia de estampar no rótulo "0% de gordura", além de estamparem que são ricos em diversas vitaminas. Nada vai substituir a comida, principalmente a caseira. Não se deixe levar por essas enganações. Se tiver com dúvidas, mostre o produto para sua avó ou alguma pessoa mais velha. Se ela não souber o que é, não coma!